大连理工大学经济管理学院资助

国家社科基金重点项目（21AGL004）"制造企业向服务型制

供应链视角下
服务创新影响因素的研究

冯长利 ◎ 著

中国财经出版传媒集团

经济科学出版社

Economic Science Press

图书在版编目（CIP）数据

供应链视角下服务创新影响因素的研究 / 冯长利著.
— 北京：经济科学出版社，2021.11
（大连理工大学经济管理丛书）
ISBN 978-7-5218-3146-7

Ⅰ.①供…　Ⅱ.①冯…　Ⅲ.①制造工业–工业企业管理–企业创新–影响因素–研究–中国　Ⅳ.① F426.4

中国版本图书馆CIP数据核字（2021）第246543号

责任编辑：李　军　谭志军
责任校对：郑淑艳
责任印制：范　艳

供应链视角下服务创新影响因素的研究

冯长利　著
经济科学出版社出版、发行　新华书店经销
社址：北京市海淀区阜成路甲28号　邮编：100142
总编部电话：010-88191217　发行部电话：010-88191522
网址：www.esp.com.cn
电子邮箱：esp@esp.com.cn
天猫网店：经济科学出版社旗舰店
网址：http://jjkxcbs.tmall.com
北京季蜂印刷有限公司印装
710×1000　16开　13.75印张　230000字
2022年3月第1版　2022年3月第1次印刷
ISBN 978-7-5218-3146-7　定价：62.00元
（图书出现印装问题，本社负责调换。电话：010-88191510）
（版权所有　侵权必究　打击盗版　举报热线：010-88191661
QQ：2242791300　营销中心电话：010-88191537
电子邮箱：dbts@esp.com.cn）

丛书编委会

总　序

　　编写一批能够反映大连理工大学经济管理学科科学研究成果的专著，是近些年一直在推动的事情。这是因为大连理工大学作为国内最早开展现代管理教育的高校，早在 1980 年就在国内率先开展了引进西方现代管理教育的工作，被学界誉为"中国现代管理教育的摇篮、中国 MBA 教育的发祥地、中国管理案例教学法的先锋"。

　　大连理工大学管理教育不仅在人才培养方面取得了丰硕的成果，在科学研究方面同样也取得了令同行瞩目的成绩。在教育部第二轮学科评估中，大连理工大学的管理科学与工程一级学科获得全国第三名的成绩；在教育部第三轮学科评估中，大连理工大学的工商管理一级学科获得全国第八名的成绩；在教育部第四轮学科评估中，大连理工大学工商管理学科和管理科学与工程学科都获得 A- 的成绩，是中国国内拥有两个 A 级管理学科的六所商学院之一。

　　2020 年经济管理学院获得的科研经费已达到 4345 万元，2015~2020 年获得的国家级重点重大项目达到 27 项，同时，发表在国家自然科学基金委员会管理科学部认定核心期刊的论文达到 1000 篇以上，国际 SCI、SSCI 论文发表超 800 篇。近年来，虽然学院的科研成果产出量在国内高校中处于领先地位，但是在学科领域内具有广泛性影响力的学术专著仍然不多。

　　在许多管理学家看来，论文才是科学研究成果最直接、最有显示度的体现，而且论文时效性更强，含金量也更高，因此出现了不重视专著也不重视获奖的现象。无疑，论文是科学研究成果的重要载体，甚至是最主要的载体，但是，管理作为自然科学与社会科学的交叉成果，其成果载体存在的方式一定会呈现出多元化的特点，其自然科学部分更多地会以论文等成果形态出现，而社会科学部分则既可以以论文的形态呈现，也可以以专著、获奖、咨政建议等形态出现，并且同样会呈现出生机和活力。

2010年，大连理工大学决定组建管理与经济学部，将原管理学院、经济系合并，重组后的管理与经济学部以学科群的方式组建下属单位，设立了管理科学与工程学院、工商管理学院、经济学院以及MBA/EMBA教育中心。2019年，大连理工大学管理与经济学部更名为大连理工大学经济管理学院。目前，学院拥有10个研究所、5个教育教学实验中心和9个行政办公室，建设有2个国家级工程研究中心和实验室、6个省部级工程研究中心和实验室，以及国内最大的管理案例共享平台。

经济管理学院秉承"笃行厚学"的理念，以"扎根实践培养卓越管理人才、凝练商学新知、推动社会进步"为使命，努力建设成扎根中国的世界一流商学院，并为中国的经济管理教育做出新的、更大的贡献。因此，全面体现学院研究成果的重要载体形式——专著的出版就变得更加必要和紧迫，本套论丛就是在这个背景下产生的。

本套论丛的出版主要考虑了以下几个因素：第一是先进性。要将经济管理学院教师的最新科学研究成果反映在专著中，目的是更好地传播教师最新的科学研究成果，为推进经济管理学科的学术繁荣做贡献。第二是广泛性。经济管理学院下设的10个研究所分布在与国际主流接轨的各个领域，所以专著的选题具有广泛性。第三是选题的自由探索性。我们认为，经济管理学科在中国得到了迅速的发展，各种具有中国情境的理论与现实问题众多，可以研究和解决的现实问题也非常多，在这个方面，重要的是要发扬科学家自由探索的精神，自己寻找选题，自己开展科学研究从而形成科学研究的成果，这样一种机制会使得广大教师遵循科学探索精神，撰写出一批对于推动中国经济社会发展起到积极促进作用的专著。第四是将其纳入学术成果考评之中。我们认为，既然学术专著是科研成果的展示，其本身就具有很强的学术性，属于科学研究成果，那么就有必要将其纳入科学研究成果的考评之中，而这本身也必然会调动广大教师的积极性。

本套论丛的出版得到了经济科学出版社的大力支持和帮助，在选题的确定和出版发行等方面给予了极大的支持，帮助经济管理学院解决出版过程中遇到的困难和问题。同时特别感谢经济管理学院的同行在论丛出版过程中表现出的极大热情，没有大家的支持，这套论丛的出版不可能如此顺利。

大连理工大学经济管理学院

2021 年 12 月

前　言

受市场、资源等诸多内外部环境因素影响，我国传统制造企业转型升级已是必然。传统制造企业从提供有形产品向提供咨询、设计、系统集成、整体解决方案等服务型制造方向的转变，是其转型升级的重要途径。为此，国务院发布的《中国制造2025》用专门章节论述了"推动生产型制造向服务型制造转变"。

服务创新是制造企业进行服务转型的重要推动力，但是服务创新活动的实施受到诸多因素的影响和制约，这些因素正向或负向地影响着服务创新活动。研究这些因素将有助于促进制造企业服务创新活动的开展，更好地促进制造企业服务转型的顺利进行，提升企业的竞争优势。本书围绕制造企业服务创新影响因素研究开展了如下工作：

第一，本书在现有文献研究的基础上，针对制造企业服务创新影响因素的复杂性，从供应链视角出发，运用系统工程理论将服务创新影响因素系统分为服务创新内部维影响因素、交互维影响因素、外部维影响因素三个子系统，对每一个维度（子系统）分别构建了相应的影响因素理论模型，并运用实证方法对模型加以验证，揭示影响因素对服务创新的作用机理。结果表明，首先，一线员工参与、组织创新氛围、战略柔性、组织合法性等内部维影响因素会促进制造企业服务创新绩效的提升，并且知识整合在一线员工参与影响服务创新绩效的过程中起到中介作用；其次，顾客参与、供应商参与、环境动态性等外部维影响因素正向促进服务创新绩效，并且知识整合在顾客参与、供应商参与影响服务创新绩效的过程中起到中介作用；最后，顾企互动、组织间控制等交互维影响因素正向促进服务创新绩效。

第二，本书将知识获取的方式进行总结和梳理，根据与企业间互动深度的不同，将企业知识获取的方式分为外部知识搜索、知识共享和知识共创。实证分析发现，三种知识获取方式均可正向促进制造企业的服务创新绩效。

第三，本书采用纵向双案例研究方法，分析探讨了制造企业在服务创新探索期、成长期、深化期三个阶段中，动态能力对服务创新绩效的内在影响机理；并引入组织学习作为动态能力的前因变量，探究组织学习对动态能力构建与演化的作用；此外，深入剖析了动态能力与服务创新战略的匹配关系，由此形成了组织学习—动态能力—服务创新战略—服务创新绩效的理论模型。

本书围绕制造企业服务创新这一主题，对服务创新的影响因素展开了研究。研究成果丰富了服务创新理论，也为制造企业服务化转型升级提供了理论基础。

冯长利

2021 年 12 月

目 录

第1章 绪 论

1.1 研究背景

在市场、资源等诸多环境要素对企业的发展影响与日剧增的情况下，我国制造业转型升级已势在必行。服务经济的来临使得诸多制造企业开始重视服务在价值创造过程中的作用，试图通过创新服务内容、变革服务形式等途径来谋求新的经济增长点。国家统计局 2020 年公布的数据显示[①]：2019 年我国服务业增加值约为 534233 亿元，比 2018 年实际增长 9.1%，增速比制造业高出 3.9 个百分点。服务业增加值占 GDP 的比例已上升 53.9%，比制造业高出 26.8 个百分点。从生产方面来看，服务业对国民经济增长的贡献率为 59.4%，比第二产业高出 22.6 个百分点。服务业已然成为国民经济增长的一大推动力。面对服务市场所蕴含的巨大潜力，传统制造企业开始进行服务转型，从提供有形产品向提供咨询、设计、系统集成、整体解决方案等服务转变。并且，国务院发布的《中国制造 2025》用专门章节论述了 "推动生产型制造向服务型制造转变"[②]，以此来支持制造企业的服务转型。

服务创新是制造企业服务转型的关键推动力。一些企业通过实施服务创新活动取得了良好的成效。例如，陕鼓集团利用其长期积累的客户关系，以及对客户需求的深刻理解，通过编写项目管理手册、制定现场服务标准、对服务人员进行专业技能培训等活动，为用户提供检修、改造升级、咨询、培训等服务；并且随着服务转型的深入，陕鼓集团通过与金融机构、第三方服务提供商等诸多利益相关者进行合作，为用户提供智慧绿色系统解决方案，最终提升企业绩

[①] 资料来源：《国家统计局关于 2019 年国内生产总值（GDP）最终核实的公告》。

[②] "推动生产型制造向服务型制造转变"即制造企业实施服务化战略，改善工业产品供给状况，挣脱制造业面临的发展矛盾约束，提高企业的竞争力和市场占有率。

效。美国通用电气公司（GE）的航空服务新模式也将盈利重点从销售引擎转向卖服务，尝试从维修、备件、融资等途径中寻求赚钱机会。高附加值服务不仅帮助 GE 摆脱了同质化竞争严重的"红海"市场，还在二级市场为其备件和维修服务减少了竞争。但另外，国内外企业服务创新失败的实践也值得引起重视。半导体行业巨头英特尔基于处理器业务，尝试为客户提供数据管理服务，结果却使得自身核心竞争力偏离，最后惨淡收场。国内企业也同样面临着服务创新陷阱，错误地认为服务引入得越多越好，在产品服务设计中盲目追求新功能、固守自主开发新服务等，这些思维误区导致一些国内企业的服务创新效果不尽如人意。

由于制造企业在服务创新实践的过程中取得了较为两极化的绩效表现。这也引发了业界对于服务创新的思考：如何解决该问题来提升服务创新的应用价值，亟待解决和完善。

自服务创新的概念被巴拉斯（Barras）提出后，服务创新的研究逐步得到学者们的重视，并取得了一定的研究成果。为应对服务转型制造企业可能遇到的服务悖论问题，学者们对服务创新的影响因素展开了深入研究，但以往对于服务创新影响因素的研究主要从企业内部和顾客的视角进行，并且对服务转型情境下制造企业服务创新的影响因素研究较少，例如，格鲍尔等（Gebauer et al.）指出，产品相关的服务创新可以整合到新产品开发过程中，研发投入可以显著影响服务创新；塔库尔（Thakur）通过对比美国企业和印度企业发现，企业及时掌握客户需求信息可以有效促进服务创新；陈等（Chen et al.）基于动态能力视角指出，企业的市场导向和技术导向战略会影响顾企共同生产，并最终促进企业服务创新。但企业为了满足客户的复杂需求，需要供应商的配合，因此需要对与供应商相关的影响因素进行深层次的研究，全面、系统、科学地揭示企业内部与外部影响因素对服务转型制造企业服务创新的作用机理，最终提升制造企业的服务创新绩效。

现有研究表明了知识对于创新的重要作用，跨越企业边界的外部知识对于服务创新的重要性也已被证明，但前人研究多关注企业从哪些合作伙伴获得这些知识，以及对获取的知识类型进行研究分析，然而对于如何获取知识这一问题较少做出解释。此外，知识获取后如何促进企业的服务创新，从而获得服务创新绩效，提升企业的竞争力，是否通过了某些重要的因素实现了服务创新，这个问题还有很大的研究空间。揭示知识获取与服务创新间的作用机制，对企业实施服务创新也有着指导意义。

　　动态能力与制造企业服务创新的相关研究表明，动态能力是制造企业成功实施服务创新并获取可持续性竞争优势的关键。服务创新与整个组织的运营过程、操作惯例中嵌入的动态能力紧密交织在一起，为了能持续开发新服务并深入理解服务提供的基本业务逻辑，企业必须开发能够实现服务创新的动态能力。服务创新领域中动态能力理论的应用已成为学者关注的关键问题，有学者指出，动态能力是企业随着时间推移保持高绩效的关键驱动因素，对于能力的认知与理解是获取未来服务创新收益的重要前提，而动态能力的欠缺使得企业有可能陷入低回报的业务活动中，并形成越来越严重的能力刚性，为发展方向的调整带来障碍。由此可见，探索支撑服务创新的动态能力的来源及其构建过程已成为制造企业服务创新研究的重中之重。然而，现有研究中尽管有学者指出动态能力对制造企业服务创新的重要作用，但对制造企业服务创新这一特定情境下动态能力的理解及其对服务创新绩效作用的理解欠缺系统性与深度，多数研究直接将动态能力作为服务创新的前因变量，未能深入阐述动态能力的内涵及拆解其维度，关于动态能力对服务创新内在影响机理的研究更不多见。因此，本书将基于动态能力视角，结合制造企业实际情境，更深入地探求动态能力对制造企业服务创新的内在影响机理，为制造企业服务创新竞争优势来源提供更为深入的理解。

1.2　研究意义

　　制造企业向服务型制造转变是企业转型升级的重要途径，陕鼓、海尔、上海电气、华为、哈药集团和宝钢等不同行业的制造企业已经开始了向服务转型的艰辛探索，并取得了一定成效。制造企业在服务创新与服务化转型升级中遇到的"服务悖论"①一直困扰着企业，急需学者们依据现有理论和实践案例，探索并发现我国传统制造企业的服务化规律。此外，传统制造企业向服务型制造的转型升级中离不开服务创新的支撑，服务创新研究具有重要的现实意义。从宏观层面来看，服务创新研究与国家出台的制造业发展政策文件相符合；从微

---

　　①　"服务悖论"指制造企业在实施服务化战略及服务创新活动之后，企业绩效不升反降。

观层面来看，服务创新作为转型中的重要活动，是企业转型成功的关键。现实中，企业缺乏服务创新理论的支撑，急需掌握服务创新受哪些因素影响、影响机理为何，以及如何对服务创新绩效进行评价等，本书正是基于企业实际需求而写。

从理论上看，国内外学者对于制造企业服务转型的研究还不尽完善，本书以服务转型中的服务创新活动为突破点，基于供应链视角，对制造企业服务创新的影响因素进行系统研究，并且对知识获取方式、动态能力对服务创新的影响展开了深入研究，弥补了以往研究的不足。

本研究成果可为我国传统制造企业向服务型制造转型升级实践活动提供理论指导，为我国制造企业竞争力的提升助力。

1.3　研究内容、研究方法及技术路线

1. 研究内容

本书围绕传统制造企业服务创新这一主题，基于供应链视角就如下问题展开了研究：

首先，从企业依存的供应链环境入手，从企业内部和外部（供应链环境）识别服务创新影响因素，构建服务创新影响因素模型，全面系统地对制造企业服务创新影响因素进行研究；其次，由于获取外界的新知识是制造企业服务创新过程中的重要活动，本书深入研究了制造企业的知识获取方式对服务创新的作用；最后，基于动态能力视角，结合制造企业实际情境，更深入地探求动态能力对制造企业服务创新的内在影响机理，为制造企业服务创新竞争优势来源提供更为深入的理解。

2. 研究方法

本书主要采用文献研究法、实证分析法、案例分析法和模糊评价法等研究方法，具体如下：

（1）文献研究法。在制造企业服务转型、服务创新以及供应链管理等相关理论的基础上，借鉴国内外学者的相关研究，经过归纳演绎和逻辑推理，构建了本书的结构框架并进行深入探讨，进而明确了服务创新对企业绩效的影响，并提出了服务创新的影响因素和服务创新绩效评价模型。

（2）实证分析法。本书运用实证分析法对制造企业服务创新的影响因素进行分析。通过借鉴国内外诸多学者制作的相关量表制作出本书的调查问卷，并收集大量样本数据进行统计分析。运用实证分析法得出的结果更加客观，与实际情况更贴合。

（3）案例分析法。本书运用案例分析法对动态能力对制造企业服务创新的影响进行分析。通过分析服务创新制造企业中颇具典型性的两家企业进行探索性的案例研究，经过案例研究与理论推导的交互验证，进一步完善研究构念与理论模型。

（4）模糊评价法。本书基于构建的制造企业服务创新绩效评价体系，运用模糊评价法进行评价。

3.技术路线（见图1.1）

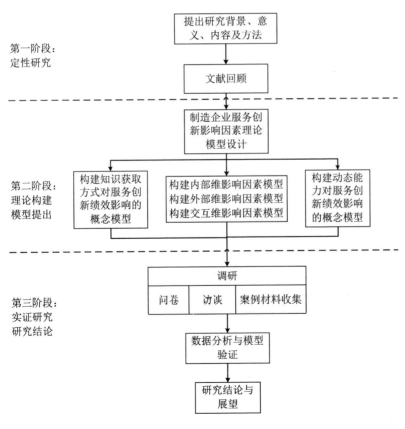

图1.1 技术路线

第 2 章 理论综述

2.1 制造企业服务转型

1. 制造企业服务转型的内涵

20 世纪 80 年代末，范德迈尔和拉达（Vandermerwe and Rada）两位学者首次提出"服务化"概念，即制造企业从只供应产品及相关简单的服务转化为供应"产品 + 服务"包后，学者们对服务化的相关内容进行了深入研究，并对服务转型的内涵给予了不同的诠释，具体见表 2.1。

表 2.1　　　　　　　　　　　　服务转型的内涵

作者	定义	视角
范德迈尔（Vandermerwe，1988）	制造企业从只供应产品以及相关的简单服务转化为供应"产品 + 服务"包	过程 / 战略
怀特（White，1999）	单纯的产品制造商转为产品服务集成商的过程	过程
弗斯特里普（Verstrepe，1999）	将某些服务要素加入制造企业的某些核心产品中	战略
托菲尔（Toffel，2002）	一种新的商业模式，具有以下三个特点：制造商出售产品功能，产品所有权归制造商所有；客户按合同付给制造商租金；客户无须付费即可获得产品的维护和修理服务	过程
绍洛韦茨（Szalavetz，2003）	即投入和产出服务化。前者是指服务要素在生产投入环节加入、增加；后者是指生产相关的服务产品	过程
德斯梅特（Desmet，2003）	产品中服务组件日益增加	战略
刘易斯（Lewis，2004）	改变产品功能，并向市场快速传递的策略	战略
刘继国（2006）	制造企业从以"产品"转向以"服务"为中心	战略 / 过程
任（Ren，2007）	通过以顾客为中心来为企业取得收益	战略
图鲁宁（Turunen，2014）	在制造企业的经营战略中加入服务要素	战略

针对服务转型的内涵，学者们大多从战略、过程这两个视角进行研究。战略视角提出了服务化的目标是企业转型为服务型制造企业。过程视角主要以服务化战略实施过程为出发点，侧重于具体的商业模式。

上述概念是将范德迈尔和拉达对服务化定义的进一步细化，使得服务化的相关理论更加系统完善。从战略视角的研究观点说明了服务化要达到的目标是什么，使得服务化的实施有具体的方向，并强调了战略实施过程中的注重点；而过程视角使得战略内容更加细化，使得企业得知应该从哪个角度实施服务化战略以及过程中应当做出哪些改变，直至达到服务化战略最初设立的目标。

2．制造企业服务转型阶段演进

（1）制造企业服务转型特征分析。制造企业服务转型是企业从产品制造商向服务或解决方案提供商转变的过程，为把握全局，全面探究其中影响因素演化规律，本书用系统工程理论和方法对企业转型过程进行分析，从系统的观点看，制造企业实施服务化战略主要体现为三个维度变化：提供物、运营中心和组织身份。其中，提供物变化指从交付有形产品向交付服务或解决方案转变；运营中心变化指企业从以产品为中心转为以顾客为中心；组织身份变化指产品制造商向服务或解决方案提供商转变。服务转型阶段划分见图 2.1。

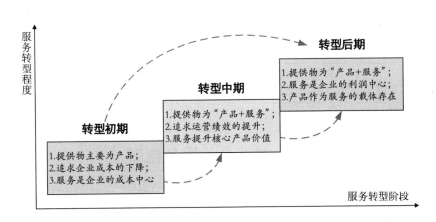

图 2.1　服务转型阶段划分

（2）制造企业服务转型各阶段下的服务创新特征分析。制造企业服务转型过程中随着其提供物、运营中心和组织身份发生变化，其服务创新的特征也随之改变，并直接导致服务创新影响因素的变化。服务转型初期，产品是企业焦点，服务创新主要在企业内部进行，服务创新的主要影响因素也与企业内部运作流程密切相关；服务转型中期，企业开始关注服务的重要性，重视客户的需求，服务创新的主要影响因素也由企业内部拓展到客户端；服务转型后期，企业提供集成解决方案①，此时企业更需客户和供应商的帮助，尤其需要供应商在技术和服务方面提供支持，服务创新主要影响因素也由企业内部、下游客户扩展到上游供应商。

3. 制造企业服务转型的机遇

从国内外学者的研究来看，制造企业服务转型的机遇可总结为以下三个方面：市场优势、财务优势以及战略优势（具体见表2.2）。这三者之间也是有关系的，市场优势以及财务优势的存在才导致了战略优势的形成，战略优势的形成同样也使得市场优势及财务优势更加稳固。

表 2.2　　　　　　　　　　　　服务转型的机遇

机遇	内容
市场优势	顾客的需求更加复杂，需要企业提供更多的服务来满足顾客的需求，可见服务转型在一定程度上与顾客的需求存在着莫大的关系； 服务转型使得企业与顾客之间的关系更加密切，顾客的忠诚度增加，同时也增加了企业的互补产品的销售等，增加了企业的长期效益； 服务转型对企业的技术要求较低，相比于技术创新，企业可以更高效地获得市场优势
财务优势	提供与产品相关的服务可以为企业提供稳定的利润流，为企业增加收益
战略优势	服务的知识性、不可见性使得服务化战略难以被模仿，且与顾客的深度接触，会使得顾客重新产生企业之间的产品的差异性，从而为企业构建出竞争优势

2.2　制造企业服务创新

服务创新是制造企业实施服务化战略过程中的重要一环，也是企业获取竞争优势提升企业绩效的关键措施。

---

① 集成解决方案是指针对客户的需求，制造企业通过与客户、供应商等诸多利益相关者合作，以有形商品为载体，整合知识、技术、服务等诸多要素提供满足客户定制化需求的产品服务方案。

1. 服务创新的内涵

对于服务创新，目前学者们还没有给出一个明确的定义，学者们主要从以下几个视角进行诠释。

（1）基于知识视角的诠释。制造企业进行服务创新需要各种资源的集合，而知识资源是最基础的。因此，众多学者从知识的角度出发对服务创新的过程进行理解：托塞尔（Thorsell）认为，服务创新的实质是将隐性知识转化为显性知识的过程[①]，也是员工新知识形成的过程。萨伦克等（Salunke et al.）认为，服务创新就是企业利用知识直接或间接地为企业以及顾客创造价值。

（2）基于服务主导逻辑的诠释。服务主导逻辑强调了客户的重要性以及将企业提供给客户的都归于"服务"旗下。基于此，卢希（Lusch）认为，服务创新就是在创新网络中整合各种资源为网络中的主体创造价值的过程。国内学者在服务主导逻辑的基础上，结合服务生态系统的概念，对服务创新的内涵进行了细化。简兆权等认为，服务创新就是为了使服务创新生态系统中的主体受益，包括顾客以及企业；其对服务生态系统中的顾企交互、价值网络、组织结构等进行了细化研究。

（3）基于营销视角的诠释。在服务创新过程中发生变化的还有"产品 + 服务"或者集成解决方案的营销。因此米歇尔等（Michel et al.）从营销视角出发，认为服务创新是一种新的价值主张，其最终结果发生了变化。而斯卡伦等（Skålén et al.）对价值主张的内涵进行细化，指出应当对企业资源进行相应的补充来完成价值主张的目标。

（4）基于战略视角的诠释。众多学者对服务创新的内涵进行研究，其实也是从战略的角度对其进行研究。但总体来说，服务创新战略强调以顾客为中心，并通过为其创造价值来获得竞争能力。

从上述的诸多视角来看，各视角之间是有一定联系的，如知识视角、服务视角、营销视角都可以看作战略视角的演化，这三个视角是为了使服务化战略得到具体的实施。

2. 服务创新研究现状

服务创新在制造企业服务转型过程中起到了关键的作用，因此成为制造企

---

① 隐性知识、显性知识：知识若能被清晰地表达以及有效地转移则为显性知识，否则为隐性知识。

业关注的焦点。综合各学者的相关研究，主要分为以下三个视角：

（1）技术导向视角。在此视角下，学者们认为技术创新的相关研究方法同样适用于服务创新。其中，巴拉斯（Barras）认为技术引入使得企业提供服务产品的商业模式发生转变以及随后的服务产品的生命周期发生转变，从而产生了服务创新。同样地，威斯（Wise）认为，服务创新与产品生命周期活动密不可分；佩雷拉（Ferreira）认为，服务创新提供了各种能力来对产品生命周期中相关的流程做出改变，而这些改变是为了应对技术环境的变化；而詹诺普洛（Giannopoulou）认为，服务创新只是基于产品添加了新的要素，其归根结底属于产品创新的范畴。

技术导向视角下的服务创新的维度划分大多为产品、流程的创新。其中学者皮尔逊（Pearson）将服务创新划分为三个维度：产品、流程、次级流程，其观点受到诸多学者的认可。随后诸多学者对其进行了细化：如阿玛拉（Amara）将服务创新细化为产品、流程、传递、战略、管理和市场等多个方面，而戈奇（Gotsch）研究表明，可以从产品、流程、市场和组织创新四个维度对服务创新进行划分。并且技术导向视角下的服务创新注重技术的重要性，因此诸多学者对技术在服务创新中的重要性进行了相关研究。如格兰特（Grant）使用案例的研究方法证明了 IT 技术在服务创新过程中作用显著。总体而言，技术导向视角只是将产品创新过程中技术创新的方法移植到服务创新中进行研究，而未从服务创新的本质去对其进行研究。

（2）服务导向视角。技术导向视角的各种缺陷使得服务创新的研究始终不够深刻。因此，诸多学者提出服务导向视角，在该视角下，学者认为服务创新有着不一样的驱动因素以及内涵。其更加强调与顾客相关的因素：如顾客参与、顾客满意度等。奥克（Oke）认为，服务创新所开展的一系列活动就是为了满足顾客的需求；桑德博（Sundbo）认为，服务创新就是为顾客创造新的价值。萨伦克等则认为，服务创新是将知识整合到流程当中，最终为公司及其客户带来价值。可见诸多学者都将顾客视为服务创新的重要因素。

服务导向视角也提出了企业与顾客的价值共创等相关概念，得出顾客参与在服务创新过程中发挥重要作用。比尔德贝克（Bilderbeek）提出的服务创新维度中就包含了顾客界面维度以及相关的服务传递系统和技术选择维度，他从各个维度之间的关系论证了顾客在其中的重要性。桑登（Sandén）认为，顾客学习对企业开展服务创新有正向影响；王琳则认为，顾企交互通过影响知识整合，会对 KIBS 企业 ① 服务创新绩效产生正向影响。总体来看，服务创新视角从服务的本质出发研究了服务创新的内涵，忽略了与创新过程中的基本要素结合，因此不够全面，但为服务创新理论的发展奠定了基础。

（3）整合视角。整合视角就是从技术创新及服务创新的共同点出发分析服务创新。加洛伊和温斯坦（Gallouj and Weinstein）认为，服务创新包含一切可以使得企业发生变化的各种活动。随后卡尼奥奇纳（Karniouchina）认为，应当比较制造业创新和服务业创新，来发现两者的联系与区别，斯卡伦等提出最终的产品或者服务都是企业价值主张的产物，因此从根源上可以认为服务创新是企业提出了新的价值主张。

整合视角是在寻找服务创新与技术创新的共同点，因此，其研究范围相较以上两种视角来说更小，加洛伊和温斯坦提出了突破型、渐进型、改进型、专门型、重组型和形式型创新六种创新类型。随后，诸多学者对此领域进行了扩展研究。程（Cheng）在相关研究中就将服务创新分为渐进式和突破式两类；弗里斯（Vries）以加洛伊的六种创新类型为基础进行案例研究。罗伯特（Robert）在一项案例研究中按照服务创新的结果将其分为四种类型，即产品服务、专门服务、改进和重组服务。

整合视角下，企业认为服务创新是保持竞争优势的基础。由此学者对服务创新的相关领域进行研究，如服务创新的绩效以及实现方式。部分学者对服务创新的结果进行研究，即提供的服务类型，如集成解决方案等；还有学者对服务创新的结果变量进行了研究，如门诺（Menor）在银行服务业中证明了服务创新对企业绩效的正向促进作用；斯多里（Storey）运用 Meta 分析方法，确定了服务创新的驱动因素以及进行服务创新所需要的资源和能力。

综上所述，对于服务创新的研究经历了技术创新的转移视角、服务本质视角以及服务与技术的共同视角；这可以看作是服务创新研究领域的演化，演化的过程就是对服务创新领域的不断完善。但纵观整个演化过程，可以发现只有将这三个视角结合起来，才能够更加清晰地理解服务创新的内涵。

---

① KIBS 企业指知识密集型服务业，拥有较多的中高级技术人员，可生产高端设备，如电子计算机、飞机和宇宙航空工业、原子能工业等。

2.3　制造企业服务创新影响因素研究

1. 产品学派

产品学派认为服务和制造活动实际是相同的，服务创新只是服务部门利用了产品创新的结果，对于服务创新的研究可借鉴产品创新的相关理论以及研究方法。诸多学者从这个角度对服务创新进行了相关研究：格鲍尔（Gebauer）研究发现，研发投入可直接影响到与产品相关的服务创新；莱波宁（Leiponen）提出研发投入对服务企业的服务创新有正向影响；基纳（Kirner）通过相关研究证明技术水平会影响制造企业的服务创新绩效。

产品学派的影响因素包括：一线员工参与、企业家精神、组织创新氛围、人力资本、企业技术水平等，其都是从企业内部来进行考虑的。如梅尔顿和哈特林（Melton and Hartline）、奥丹尼尼和帕拉休拉曼（Ordanini and Parasuraman）认为，一线员工可以根据客户的知识积极地将资源整合到有吸引力的价值主张中。陈明坤和陈艾文（Chen and Chen）基于动态能力视角，指出企业的市场导向和技术导向战略会影响顾企共同生产，并最终促进企业服务创新。肖挺等发现人力资本投资，信息技术的引入正向影响服务创新绩效。

总而言之，产品学派以资源基础观为基础理论，将研究重点放在企业内部，这样的研究结果大多证明了企业内部所需要的能力以及资源，使得企业内部的资源以及能力得到充分发挥，然而随着理论与实践的结合，产品学派研究结果的缺陷也暴露了出来，因此需要结合制造企业服务创新活动的特殊情境进行深入研究。

2. 顾客学派

顾客学派认为服务创新必须把客户放在首位。在此视角下，服务创新即企业为应对产品生命周期中顾企关系的变化而进行的创新活动。服务的本质目的是以顾客为中心，与顾客密切联系可以使得企业试着掌握客户的准确需求，从而更好地感知市场。

顾客学派的影响因素研究包括顾客参与、顾企互动、顾客导向等多个方面。并且在服务创新过程中有一项关键的外部资源：顾客知识。有效地获取顾客知识将会促进服务创新的进程，而员工与顾客的互动行为可以有效地促进顾客知识的获取。但是，这就需要企业给予员工一定的自由，并且允许犯错误。将员工视为一种可操作的资源，有利于企业发展更多创新的知识和技能，从而获取竞争优势，同时也可为顾客创造更多的价值，增加顾客满意度。

前人研究极少考虑顾客互动和顾客知识开发之间的关系，研究忽略了顾客知识开发在顾客互动和新服务开发绩效之间的中介效应，王（Wang）据此建立了顾客知识开发与创新绩效之间的关系；张文红基于跨界搜索理论，指出制造企业的服务创新需要结合诸多利益相关者的知识，如顾客、供应链上下游企业。塔库尔（Thakur）通过对比美国和印度企业发现，企业及时掌握客户需求信息对服务创新有正向影响；王琳等从知识基础观出发，剖析了顾企交互对知识密集型企业的服务创新的影响机理。

总体而言，顾客学派认为服务创新不同于产品创新的重点之一在于顾客参与，顾客的参与可以帮助企业更好地满足顾客对服务的需求。顾客学派的研究更加突出服务的特征，其研究重点也由产品转移到顾客。

3. 综合学派

综合学派不单独侧重探究某一端的影响因素，而是提出将企业与顾客放到同等的层级上，在统一的整合框架下进行系统分析，从而探究服务创新过程中的具体影响因素。以往的综合学派研究已经发现，企业在进行服务创新业务过程中要总体全面地考虑内外部的各类影响因素。综合探究来源于企业内外部的各项影响因素，经过归纳总结可以发现，内部因素主要包括企业战略管理、人力资源管理和制度开发创新三个方面；外部因素主要包括创新业务进行演进的具体路径和利益相关者两大类，其中创新演化路径包括多条轨道，涵盖管理、技术发展、社会、沟通等角度，通过协作实现最终目标；而服务创新的利益相关者主要包括竞争对手、顾客、公共管理部门以及相关创新要素的提供者等。通过归纳以往研究成果可以发现，部分影响因素的作用更加明显。作为企业开展服务创新业务的直接实施者和创新产品的根本提供者，员工的主观能动性有着重要影响作用。由于员工身处同顾客进行交互的业务一线，可以优先并充分识别顾客的真实需要，以便基于此类工作经验为企业组织管理提供创新性的思想，因此在这一视角下员工管理具有重要的地位。除此以外，还要重点关注的是交互过程中的复杂关系。由于在服务创新的过程中，产品只是作为服务的载体存在，其核心目的是企业通过沟通协作整合资源实现价值创造并使 A2A（actor to actor）网络内各主体获利。因此可以发现，企业的服务创新与企业的关系网络紧密相关，企业内部的员工间关系、员工同组织间关系以及企业间的关系都会对业务活动的进行产生影响，积极合作高度互信的伙伴关系对促进企业创新有着显著的效果。另一个重要的衡量指标是企业内外部的沟通交流情况，当积极有效的沟通适度进行，才能够起到正面影响。此外，以考察员工业务能力以及企业组织管理水平为核心的技术标杆、充分指引员工思想观念与团队整体导向的企业文化也起到了重要作用，精湛的技术水平和良好的企业文化能够显著提升企业的创新能力。

众多学者通过研究也验证了这些观点。张静等认为，通信企业的创新业务需要在制度、社会、技术和管理四条轨道的综合作用下进行，同时研究指出，内外部影响因素一同作用于通信行业的服务创新活动。陈劲、王安全、朱夏晖等在对软件行业的实证研究中发现，软件行业的服务创新活动必须从用户关系界面、组织管理、战略决策管理、基础概念等多角度出发，才能在要素的组合与相互作用下产生功能重新配置、完全定制、二次开发设计等创新的运作模式。胡松等认为，服务创新业务的影响因素是复杂的，必须同时分析内外部因素的作用。他们在研究中指出，服务创新主要源自企业内部的动力，包括正确的企业战略、高效的管理组织层级系统、良好的员工交互沟通等；来自外部的作用则主要包括服务行业的技术要求、制度安排等。许庆瑞等则通过研究提出，服务创新进行过程中会受到一定的阻碍，这些阻碍分为来自公司外部的阻力和内部阻力，并且内部阻力在多数组织内起到更明显的阻碍作用。综上所述，综合学派对企业内外部的影响因素进行了综合分析，提出了内外部因素分析的重要性，丰富了服务创新影响因素的研究，同时也为服务创新其他领域的研究奠定了基础。

2.4　知识获取方式

随着技术和经济的发展，全球化竞争日益加剧，知识成为企业获取竞争力最重要的资源。企业内部的资源不再能够满足企业发展和创新的要求，而合作伙伴及所处网络成为企业获取知识的重要来源。

1. 知识获取的概念界定

知识获取的研究一直是知识管理领域的一大热点。学者们对于知识获取也有着不同的理解与界定。鲁斯等（Roos et al.）认为，知识获取是指知识接受者对于相同知识的认知与知识转移者相似。阿尔比诺等（Albino et al.）认为，从知识转移者流向知识接收者的是信息而不是知识，接收方必须对获取的信息进行消化、理解、吸收内化才能使知识信息转化为知识。纳鲁拉（Narula）将企业知识获取活动分为两大类，即内部活动和非内部活动。波兰尼（Polanyi）根据知识获取的难易程度将知识划分为显性知识和隐性知识。显性知识指的是可通过文字、数字、图表表达的知识，通常通过规范、手册、科学公式等形式进行共享。隐性知识是指高度情境化和个人化的直觉、经验、诀窍等难以形式化和沟通交流的知识。蒂斯（Teece）根据知识的可观察性，将知识分为可观察知识和不可观察知识，这也是较为常见的一些分类方式。另外，学者们研究的知识获取有广义与狭义之分，广义的知识获取既包括企业从外部获取知识，也包括企业内部知识的积累，而狭义的知识获取仅指企业或企业员工从外界环境中得到新知识的过程。

除了知识获取，学者们还提出了其他与知识获取较为相似的概念，如知识转移、知识流动、知识共享、知识搜索等。阿格特和英格拉姆（Argote and Ingram）认为知识转移是一方受另外一方经验影响的过程。科恩和莱文塔尔（Cohen and Levinthal）认为知识吸收是企业对外部新知识的评估、消化和应用。金和英克潘（Kim and Inkpen）认为吸收能力是吸收和解决问题的能力。另一个与知识转移比较相似的概念是知识流动。知识流动的研究并没有与知识转移做过多区分。赖、吉本斯和肖克（Lai，Gibbons and Schoch）认为知识流动是专业知识（技巧和能力）或具有战略价值的外部数据的转移。知识搜索的概念最早由纳尔逊和温特（Nelson and Winter）提出，并将其定义为从外界对知识的搜寻和获取。胡伯（Huber）于 1991 年提出，知识搜索是指组织在面对模糊的未来情境下，主动向外界寻求解决问题的方法。宝贡敏和徐碧祥将知识共享总结为交流过程和转化过程。中国台湾地区学者林东清认为，知识共享是组织内部或组织之间通过各种渠道进行讨论和交换知识，其目的在于通过知识的交流扩大知识的利用价值并产生新知识。而关于知识创造，野中（Nonaka）进行了奠基性的研究，并提出了 SECI 模型。SECI 将知识转换分为四个阶段，分别为社会化、表出化、组合化、内在化，在这四个过程中，隐性知识与显性知识相互作用，从而创造新的知识。SECI 模型主要用于解释组织内的知识创造，没有考虑到组织之间可能产生的知识创造行为。更多学者在这个模型的基础上做出了补充。耿新在 SECL 模型的基础上引入外部知识因素，提出了 IDE-

SECI模型。除了从过程视角研究知识创造，学者们也从创新主体研究知识创造的内涵。麦克法丹（Mcfadyen）阐明认识知识创造行为的主要主体。李等（Lee et al.）学者以团队为创造主体，认为知识创造就是团队成员通过集体学习更新和传播知识。克罗（Krogh）的研究从组织角度出发，认为知识创造是企业对整个组织中环境、知识资产和创新流程的整合。从组织角度出发研究知识创造正成为趋势。

2. 知识获取方式相关研究

在全球化竞争日益加剧的背景下，技术壁垒越来越容易被打破，各类要素成本不断上升，中国企业的人力成本优势不再明显，制造企业必须获取核心竞争优势，才能突出重围，获得长足的发展。知识是企业获取竞争力的源泉，有助于企业改进绩效。大部分学者从企业内外部分别考虑其知识获取方式，如野中识别出企业内部知识共享与企业外部市场知识获取两种知识获取的方式。景玲总结了前人研究，将企业创新的知识获取模式分为内部研发、战略联盟及企业并购。也有一些学者更专注外部的知识获取方式，李柏洲等将外部知识获取方式分为单步直接获取和借助网络的多步间接获取。朱桂龙等则将外部知识获取路径分为直接的外部知识获取、与外部组织的合作以及人才流动三类。整体来看，知识获取的具体方式识别并不十分清晰明了。

此外，国内外众多学者对不同的知识获取方式与企业绩效的关系进行了研究。伦纳德·巴顿等（Leonard Barton et al.）在其研究中指出，多数企业的创新需要借助外界的知识。通过兼并、收购和战略联盟等方式获取知识的企业越来越多。余陈金认为，企业只有合理有效地利用外部知识更新自有知识，才能更好地适应和应对复杂多变的市场环境，在市场中占据主动位置，从而创造良好的绩效。一般企业自身资源存在很大的局限性，企业仅仅通过自有资源难以满足企业创新的要求。多尔蒂（Dougherty）认为部门内部、部门之间和项目合作伙伴间的沟通与摩擦过程中创造了关键知识。新产品的开发项目的成功与否通常是由产品开发知识的获取和开发的程度决定的。项目合作伙伴间共通知识越多，企业间合作的沟通效果会越好，越有助于构筑稳定和长期的合作关系。

综上所述，知识获取对于企业发展至关重要，不同的知识获取方式对企外部，能够增强对环境的敏感度，预先对变化做出反馈与调整，对企业内部能够加深企业知识的广度深度，增加知识的多样性，改善企业内部的各项运营活动，从而建立企业可持续的竞争力。

3. 知识获取方式研究述评

关于知识获取的理论基础研究，有以下几种分类。（1）显性知识获取与隐性知识获取。按照显隐性进行分类是知识获取研究的一种典型分类。显性知识是指可以形式化的知识，比较容易获取。隐性知识指难以形式化的知识，相对于显性知识更难获取，也是研究的热点和难点。（2）组织内部知识获取与组织外部知识获取。组织内部知识获取主要是通过员工间的知识传递获取知识。随着企业的社会分工越来越专业，内部的知识获取越来越难以适应市场的需求，外部知识获取成为企业的迫切需求。

正如德鲁克（Drucker）所说，知识是创新的基础，创新是企业发展的动力。而从外部获取知识是企业创新的重要来源。关于知识获取与组织绩效的关系研究已经很多。也有越来越多的企业通过建立战略联盟、通过供应链网络从外界获取知识。虽然众多学者从不同角度出发，提出了各种知识获取的框架模型，但对于企业知识获取的方式，如何通过外部网络关系获得资源，并未做出解释。另外以往的研究主要关注合作的主体，而这些主体如何带来知识了解并不多。根据鲁萨宁（Rusanen）的研究，根据企业在网络中所处的位置，企业获取资源有不同的方式，如吸收、获得、共享、共创方式。知识作为企业中最重要的资源，获取方式应与资源获取途径保持一致。根据前人对于知识获取等概念的研究，本书将知识获取的方式分为搜索、共享、共创三种模式。其中知识获取取其狭义的内涵，主要指企业从外部获取新知识。知识搜索参考劳尔森和索尔特（Laursen and Salter）的定义，指企业为了解决问题，对外部知识的搜寻、获取、整合、加工、利用的过程。知识共享借用林东清的定义，指组织之间通过各种渠道进行讨论和交换知识，其目的在于通过知识的交流扩大知识的利用价值。知识共创指企业间共同参与的产生新知识的活动。三种知识获取方式均在组织间层面讨论，由企业与外界互动产生，且随着企业与外界的互动程度依次加深。

2.5　动态能力

1. 动态能力理论的起源

有关企业如何盈利及如何获取高于行业平均利润的经济租金这类问题在战略管理领域内受到持续的关注。为了回答这一战略管理的基本问题，学者们最初从外部环境角度入手，认为企业具备的资源和能力是否匹配其所在环境是决定企业竞争优势的重要因素。然而，该理论流派过于重视外部条件，而对企业自身因素却欠缺应有的重视，这无异于本末倒置。于是，强调对企业内部要素施以重视的研究流派开始产生，其中以资源学派和能力学派影响最为深远。然而，这两个学派存在各自的缺陷，资源学派仅从静态角度展开研究，忽视了动态演变性。而能力学派存在着最为核心也是难以避免的"刚性"问题以及由路径依赖性所导致的"惯性陷阱"问题。并且在全球一体化整合的大背景下，企业所处的制度环境、市场环境等表现出更高的复杂性、动态性与不确定性，试图维持长久的竞争优势对企业而言愈发困难，因此，不管是理论研究还是现实情境，都迫切需要产生新理论。

基于此，蒂斯于 1997 年立足于资源基础观，首次提出了动态能力理论，从动态演化与匹配的角度对基本战略问题进行了解释。蒂斯认为，动态能力是一种能够改变能力的能力，其在整合、构建和重新配置内部和外部资源、能力以应对快速变化的环境方面具有关键作用。作为一种战略惯例或组织流程，动态能力促使企业汲取、释放、整合或重构自身资源从而适应甚至创造环境变化。由此，动态能力被诸多学者视为企业获取可持续竞争优势的基石。

2. 动态能力的内涵

如上述动态能力理论产生的背景所述，动态能力基于资源基础观提出，经过蒂斯等学者对传统资源视角的丰富与发展，从而形成动态能力理论。在 20 多年的理论发展中，尽管围绕动态能力的内涵涌现出大量成果，但学术界并未对诸多观点达成共识。基于不同的研究目的与研究背景，学者们从不同视角出发，对动态能力的内涵进行了阐释。目前对动态能力的界定大致可以分为两种视角，分别是组织与管理视角以及战略实施与操作视角。前者从较为抽象的角度出发，将动态能力定义为企业对内外部资源的构建、整合或重构的能力，对机遇的感知、识别和把握能力，以及对现有资源的剥离和释放能力等。后者将动态能力视为在战略实施和组织过程中的具体能力，如产品开发、业务流程重组、客户关系构建、营销及结盟能力等。以下对国内外学者关于动态能力内涵的代表性观点进行了整合，为本书对动态能力的界定提供理论依据。具体如表 2.3 所示。

表 2.3　　　　　　　　　　　　动态能力的定义

视角	动态能力定义	代表学者
组织与管理视角	公司整合、构建和重新配置内部和外部资源以应对快速变化的环境的能力	蒂斯等
	动态能力是企业使用资源的过程，特别是整合、重新配置、获取和释放资源以匹配甚至创造市场变化的过程；因此，动态能力是企业在市场出现碰撞、分裂、发展和消亡时实现新资源配置的战略例行程序	艾森哈德和马丁（Eisenhardt and Martin）
	动态能力可以分解为：感知和塑造机会和威胁，抓住机会，以及通过对企业的无形资产和有形资产增强、合并、保护以及重组来保持竞争力	蒂斯
战略实施与操作视角	动态能力是一种通过学习实现的相对稳定的集体活动模式，是经由过去的经验、知识表达和知识编纂的共同进化而发展起来的。通过这种模式，组织系统地生成和修改其操作程序，以追求运营效率的提升	佐洛和温特（Zollo and Winter）
	以公司主要决策者所设想和认为适当的方式重新配置公司资源和程序的能力	萨拉等（Zahra et al.）
	促使企业内部异质性资源（知识资源、财产资源等）与外部环境相匹配的能力	魏江和焦豪
	对新产品或新服务的开发，开展新的业务流程，并建立新的客户关系，甚至改变原有商业模式的能力	德内维奇等（Drnevich et al.）

通过梳理动态能力内涵的相关研究可以发现，无论是组织与管理视角还是战略实施与操作视角，学者们的观点本质上有一定程度的共性，尽管动态能力在表面上并非一种行为、惯例或流程，但实质上动态能力深嵌于企业的运营过程中，会对企业的行为、惯例或流程产生直接而深刻的影响，并最终促使企业实现内外部资源的获取、整合与重构，实现绩效的提升与可持续竞争优势的获取。基于以上分析，本书认为制造企业服务创新情境下的动态能力可以理解为一种改变和更新基础能力的能力，是企业为了适应外部环境变化而具备的、难以转移和模仿的对内外部资源及企业运营能力进行开发、整合、配置和重塑的

能力。

3.动态能力的维度划分

动态能力具有难操作及难检验的特点，对其构成维度进行明确而合理的划分可以进一步剖析动态能力的特征与类别，从而为深入研究奠定基础。然而动态能力概念界定存在的模糊性导致学者们对其维度构成形成了差异性的见解，这些分歧甚至矛盾的结果直接影响了动态能力理论的深入发展。梳理文献可以发现，目前对动态能力维度的确定主要体现出两种倾向，即组织认知角度、战略实施与行为角度。

首先，部分学者从组织认知视角切入，研究动态能力维度构成。蒂斯将动态能力划分为三个维度，即机会感知能力、机会把握能力及机会利用能力。其中，机会感知能力涵盖技术研发与选择、供应链流程更新、外源性技术开发服务及顾客碎片化需求识别四个层次；机会把握能力主要体现为设计客户解决方案、控制与管理企业边界、制定决策协议和构建承诺与忠诚四个方面；机会利用能力包括管理战略协调性、权力的分解与下放、知识管理及管理支配四个子维度。奥雷利和塔什曼（O'Reilly and Tushman）在继承和更新蒂斯的动态能力三分法的基础上提出，动态能力的构建与培育强调机会感知，即跨越技术和市场边界，从而在更广阔的范围内搜寻和探索机会与威胁，机会捕捉能力涵盖战略洞察、机会识别和战略制定等方面，而机会利用能力和重构能力是指企业为了抓住机遇而重新配置资源的能力。廖等（Liao et al.）继承以往研究，在进行企业资源存量、动态能力与创新绩效三者间的关系研究时，将动态能力分为机会感知能力和机会利用整合能力。

其次，一些学者基于战略实施与行为角度对动态能力维度进行划分。艾森哈德和马丁认为，动态能力深嵌于组织适应、学习及重组的过程中，包含新产品开发、战略决策及战略结盟能力。以艾森哈德和马丁的研究为基础，其他学者通过研究指出，动态能力包括技术研发与应用能力、营销或新市场开发能力、新业务流程开发能力等。威廉等（Wilhelm et al.）认为动态能力可以划分为创意生成、市场破坏、新产品与新流程开发能力等维度。贝特罗夫等（Peteraf et al.）将新产品或新服务开发、顾客关系构建、业务流程实施及商业模式重构能力视为动态能力的关键组成要素。

通过前文对动态能力维度构成的回顾可以发现，学者们针对动态能力的要素构成尚未形成统一观点。本书立足于研究主题，并借鉴制造企业服务创新领域内能力研究的成果，倾向于从组织认知角度进行动态能力维度划分。参考蒂斯对动态能力构成要素的界定，本书将动态能力划分为三个维度，即环境感知能力、资源攫取能力和资源重构能力，其维度内涵如表 2.4 所示。

表 2.4　　　　　　　　　　　动态能力维度划分方式

动态能力维度	维度释义
环境感知能力	组织对内外部环境变化中潜在的机会或隐含的威胁的感知，以及对组织内外部崭新的技术资源、市场内碎片化的顾客需求及新信息与新知识等的识别
资源攫取能力	在觉察并识别新机会后，能够准确把握获取必要资源的途径及方式，从而将机会转变为新产品、新流程及新服务
资源重构能力	对内外部资源进行重新配置及对组织结构进行重新部署，从而使组织克服现有的惯例甚至构建新的商业模式

第 3 章　制造企业服务创新影响因素模型构建与假设提出

制造企业服务创新影响因素众多，本书从供应链视角出发，基于系统工程理论将制造企业服务创新影响因素系统划分为内部维影响因素、外部维影响因素和交互维影响因素三个子系统。

3.1　制造企业服务创新内部维影响因素研究

对于企业来说，服务创新的成功与否很大程度上受到企业内部的资源与能力的影响，而企业内部创新能力与资源的形成涉及企业内部的诸多因素。因此本部分以企业所需要的能力为重点，即知识整合、战略柔性以及相关的因素：一线员工参与、组织创新氛围与组织合法性，得出制造企业服务创新过程中内部维影响因素模型。知识整合是制造企业服务创新过程中重要的能力之一，其为创新的产生以及实施提供了保障。战略柔性的存在使得企业能够应对服务创新过程中的诸多环境，提高了服务创新的有效性。一线员工直接面向客户，是服务提供的实施者。组织创新氛围为服务创新提供了良好的环境基础。组织的合法性表明外界对企业的认可程度，在服务创新的实践中，对企业获取资源以及产品推广起到了不可或缺的作用。

1. 一线员工参与对制造企业服务创新绩效的影响

在服务创新中，客户的需求是非常重要的影响因素，但是客户需求往往是潜在和默认的，并不容易被捕获和识别，并且企业中通常没有特定的部门来实施服务创新。而在企业内部与顾客联系最紧密的就是一线员工，其在制造企业服务创新过程中尤为重要。托伊沃宁和图米宁（Toivonen and Touminen）认为，一线员工从不同来源收集信息，而收集到的这些信息可以分为客户的需求信息及服务创新实施过程中的诸多潜在问题。针对客户的需求信息，一线员工与组织成员进行交流，并将其自下而上地传递给上级领导，上级领导据此做出更合乎实际情景的决策，因此，一线员工参与服务创新的实践可以减少企业在创新过程中所做出的不正确的决策。而在企业内部环境当中，一线员工是最先发现企业服务创新过程中存在的问题的，并可提供相关解决方法。而这些问题又可以分为一般性常见问题及在服务创新实践过程中的具体问题。若是一般性的常见问题，就如奥丹尼尼和帕拉休拉曼认为的，一线员工通过与客户的紧密关系，以及他们所具备的知识（通过经验获得）来判断应该怎么样去做以改善客户服务，可见一线员工可以根据以往的经验来解决某些问题，从而提升服务创新的效率；若是新的问题出现，一线员工可能会根据实际情况产生新的想法，并与领导及员工交流，并将其付诸实践，就像凯斯汀和乌尔霍伊（Kesting and Ulhøi）强调的那样，任何组织中的所有员工都有隐藏的创新能力，因此通常构成未充分利用的创新资源，而一线员工这种创新行为的出现使得这种创新资源得到了充分的利用。可见，一线员工在服务创新战略的计划以及实施阶段都扮演着举足轻重的作用，一线员工成为企业积累客户经验和知识的关键一环，规避了服务创新实施过程中的诸多风险，也成为企业未来服务创新设计的重要创意来源。梅尔顿和哈特林（Melton and Hartline）也表明，一线员工参与新服务开发可以提高服务的市场适应性以及为企业实施服务创新提供更加充分的准备工作。一线员工的参与不仅仅对企业和顾客有利，更是自身价值的体现，使得自己有更大的动力投入到服务创新的过程当中。因此一线员工参与到制造企业服务创新过程中，能够提升其服务创新绩效。最终本书得到假设：

H3-1：一线员工参与正向影响制造企业服务创新绩效。

2.知识整合的中介作用

知识整合是对不同来源、载体、形态的知识进行重新整合，创造以及应用，且其是知识管理中的重要环节。而在制造企业服务创新过程中，知识的来源主要是供应商、终端客户等利益相关者，而在企业当中与供应商、终端客户等利益相关者相互接触的就是一线员工，他们拥有来自供应商以及终端客户的相关知识，可见一线员工是知识整合的重要来源以及载体，一线员工的参与将会对外部利益相关者的新知识的获取产生一定的影响。

企业当中的一线员工拥有不同形态的知识，即显性知识以及隐性知识，其中隐性知识是指那些个体拥有的、难以转化以及传播的知识，是企业重要的基础资源，隐性知识的共享是企业得以长期发展的重要因素。但由于隐性知识的特点以及企业内部环境诸多因素的影响，使得隐性知识不易被共享以及整合；但知识整合中若是有一线员工的参与，将会使得其隐性知识得到最大限度地运用，提高知识整合的效用。

在知识整合的过程当中，一线员工的作用同样不可忽视，格兰特（Grant）认为，知识整合过程就是通过设计合理的组织结构以及沟通渠道等，使得员工拥有的知识达到共享，使得企业的竞争优势稳步提升。可见，在知识整合过程中，一线员工不仅是知识的来源以及载体，更是整合过程中不可缺少的主体，其行为将会对企业外部利益相关者新知识整合产生一定的影响。

一线员工的参与将会在制造企业服务创新过程中带来不同的知识和能力以促进知识整合能力的提升，具体表现在效率、范围以及弹性三个方面。在效率方面，一线员工的参与使得其所拥有的知识能够被随时获取，其所拥有的隐性知识也得到充分利用；且一线员工在工作过程中能够高效地对整合的知识进行利用，使得知识整合的效率得到提升。在范围方面，一线员工的参与使得其获得的顾客以及供应商相关的知识、自身的隐性知识等都纳入知识整合的过程中，增加了知识整合的知识来源，使得与制造企业服务创新过程中的知识更加全面，为知识整合的后续过程奠定基础。在弹性方面，一线员工的参与使得企业能够及时获取顾客以及供应商相关的知识，且一线员工原有的知识基础将会促进旧知识与新知识的重组，使得知识整合过程的弹性增强，能够快速应对外界环境的变化。因此，一线员工参与对知识整合能力的提升有正向促进效应。

在知识经济时代，人们已经意识到知识资源的重要性。企业的知识基础观认为知识是企业的重要资源，阿玛比尔（Amabile）认为，一定量的知识是创造力的基础，而创造力正是创新不可或缺的。企业知识基础观强调进行创新的企业必须以大量的知识为依托，并且需要整合供应链企业上下游的知识来使得知识储量更加丰富，为企业的创新做好准备。制造企业进行服务创新更是如此，托塞尔（Thorsell）指出，制造企业服务创新的过程就是企业全体员工对新知识"积累再学习—再积累"的一种螺旋式上升过程；在其创新过程中需要不同的知识，不仅仅需要以内部知识为基础，更重要的是需要获取外部知识，如顾客的相关信息、供应商的相关信息、第三方服务公司提供的服务知识；在拥有一定量的知识积累之后，就需要对不同来源的知识进行整理、分析等过程，最终运用所获得的知识为企业带来价值。就如萨伦克（Salunke）说的那样：企业提供的产品中所包含的相关知识同样为企业与客户创造了价值。

知识整合的本质是整合供应链上相关企业的知识，为企业实施创新活动奠定基础，最终提高企业创新绩效。知识整合能力有利于创造力提升，而创造力的提升将会正向影响制造企业服务创新绩效：从效果方面来看，知识整合使得团队知识量增加，团队氛围更加融洽。知识整合使得供应链上企业的知识得到共享，制造企业进行服务创新缺乏的相关知识得到大大补充，使得企业不需再为进行创新所需要的知识而发愁；且在知识整合过程中，企业内部各部门之间的交流增多，使得团队氛围更加融洽。从效率方面来看，团队知识量的增加使得企业资源基础更加扎实，为创新的顺利实施奠定基础；团队氛围的融洽使得团队之间的合作更加顺畅，办事效率更高，促进创新效率的提升。可见，知识整合对于服务创新绩效有着正向的促进作用。在知识整合过程中，一线员工的参与对外部利益相关者知识的获取有着正向影响，并且在知识的利用过程中，一线员工的参与使得企业整合的新知识与旧知识能够完美融合，创造出新的知识体系。由此可得，知识整合在一线员工参与对服务创新的影响当中起中介作用。最终本书得到假设：

H3-2：知识整合在一线员工参与和制造企业服务创新绩效中起到中介作用。

3. 组织创新氛围对制造企业服务创新绩效的影响

组织创新氛围的本质有以下两种观点：客观论认为组织创新气氛是一种客观现象，是组织形成的，是从组织整体去考虑的；主观论认为组织创新气氛是员工主观感受到的工作环境，有自己的心理感受。因此诸多学者从主观视角出发对组织创新氛围进行研究，发现组织创新氛围在创新过程中有着重要作用，决定着企业创新的效率以及结果。

在制造企业服务创新过程中，组织创新氛围同样扮演着举足轻重的作用，其会对员工的心理、能力以及企业的诸多行为产生影响，最终对制造企业服务创新绩效产生正向影响。组织创新氛围强，代表着员工拥有着一定的自主性和决策权，使得员工在工作过程中更加自信，进而对其行为产生一定的积极影响。在浓厚的组织创新氛围当中，员工获得一定的自主权以及信心的高度增强，最终将会使得制造企业服务创新的绩效大大提升。

在能力方面：浓厚的组织创新氛围也相当于企业文化的一种，其所倡导的组织理念对于员工的发展有着正向的促进作用。王等认为浓厚的组织创新氛围会对员工的创新行为产生积极影响。一线员工的创新行为的发生，将会使得制造企业服务创新过程更加高效。

在行为方面：组织创新氛围主要影响的企业行为包括以下几个方面。在组织学习方面，其推动了组织学习，并且使得员工之间的知识共享行为增加，因为在浓厚的创新氛围中，企业会对这种知识共享的行为进行奖励，可见组织创新氛围为组织知识的产生创造了良好的条件。诸多学者认为，组织创新氛围越强，员工创新行为越强；在浓厚的组织创新氛围中，企业会为其提供更好的环境来支持其进行创新，同时员工的自我价值感也得到提升，员工满意度增强。浓厚的组织创新氛围为组织中的各种行为提供了便利的条件，使其流程效率提高，提升了制造企业服务创新的效率。可见，组织创新氛围对制造企业服务创新绩效有着正向影响。最终本书得到假设：

H3-3：组织创新氛围正向影响制造企业服务创新绩效。

4. 战略柔性对制造企业服务创新的影响

战略柔性是企业为应对动态环境所表现出来的一种能力，其既包括对资源的重新组合或者利用，也包括对企业现有的某种能力的调整，或者新能力的形成。作为企业的重要动态能力，战略柔性一直是学术界的研究热点。

当今动态环境中，企业的战略实施过程是以企业所拥有的资源为基础的，保持战略柔性对于企业战略的实施以及变革显得尤为重要。已有研究证明，战略柔性会提升企业的竞争优势，并且促进企业财务绩效的提升。

战略柔性所具备的动态能力主要体现在以下几个方面：首先，战略柔性使得企业能够迅速对所拥有的资源进行整合，尽最大可能满足客户的需求。纳德卡尼等（Nadkarni et al.）认为战略柔性能够推动企业新产品开发战略的顺利实施，李琳等认为战略柔性会促进新产品的开发速度；那么对于进行服务转型的制造企业也是如此，服务创新的最终结果就是产品或者服务的产生，因此战略柔性将会加快服务创新结果的产生，能够快速满足客户的需求，从而增加客户满意度，提升企业的竞争优势。其次，战略柔性的存在可有效地克服组织惰性，从而增加企业对所处环境的敏锐度，如企业内部有完善的沟通机制，企业内部与外部信息互通，使得企业能够快速适应动态的环境变化；并且战略柔性还可以帮助企业高效利用创新活动中的互补性资产，增加企业资源的利用效率，提高企业的适应性，从而使得制造企业服务创新过程更加顺利。最后，战略柔性还能够帮助企业有效应对市场机遇和挑战，如清水等（Shimizu et al.）认为，战略柔性能力会使企业的探索式学习活动增加，从而促进制造企业服务创新；刘新梅等认为战略柔性会促进新产品创造力的产生；因此对于制造企业服务创新也是如此，战略柔性的存在会使制造企业牢牢抓住市场机遇以及从容应对市场挑战，提高服务创新的效率。最终本书得到假设：

H3-4：战略柔性正向影响制造企业服务创新绩效。

5. 组织合法性对制造企业服务创新的影响

组织合法性简单来说是组织内外部环境对组织行为的感知和评价。学术界对其进行了丰富的研究，总结归纳为以下两个方面：组织的行为应当与所处环境相匹配，以及得到环境中与企业相关者的认可。

组织合法性在企业的成长过程中起着不可忽视的作用。制造企业在进行服务转型过程中，组织合法性对其服务创新过程也有着一定的影响。组织合法性使得企业获取资源更加便利，宋晶等认为组织合法性的存在会使得企业能够更好地融入所处的环境中，从而使得企业获得外部资源的机会更多。组织合法性可以减少企业合作过程中存在的诸多风险，如信息不对称、机会主义等，使得供应链企业之间的合作效率以及效益增加。对于制造企业服务创新也是如此，组织合法性的存在增加了创新过程所需的资源，同时使得企业之间的合作更加顺畅，提升了对服务创新网络资源的利用率，从而促进服务创新绩效的提升。

组织合法性对于企业进行市场扩张有着一定的促进作用。郭海和沈睿等认为，组织合法性会促进市场扩张，从而使得制造企业服务创新的结果在市场中得到充分推广，增加企业的收益。可见，组织合法性对于制造企业服务创新的过程以及结果都有着促进作用。最终本书得到假设：

H3-5：组织合法性正向影响制造企业服务创新绩效。

6. 小结

本节主要针对影响企业服务创新的内部因素做了探讨并得出以下模型（如图3.1所示）。

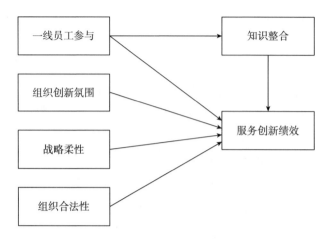

图 3.1　制造企业服务创新内部维影响因素模型

在制造企业服务创新的过程中，一线员工参与会使得自身所拥有的信息以及知识得到充分利用，使得服务创新决策更准确也更容易实施，从而增加服务创新绩效。知识整合能力在一线员工参与对制造企业服务创新绩效的影响中起中介作用，可见制造企业服务创新过程中知识整合能力机制的形成需要一线员工的参与，其是知识整合活动过程中的重要主体。组织创新氛围对制造企业服务创新绩效产生正向影响，可见制造企业服务创新过程中应当创造浓厚的组织创新氛围，以此来促进服务创新绩效的提升。战略柔性能力的存在使得制造企业在服务创新过程中更能适应复杂多变的环境，使得其柔性增强，提高服务创新过程的稳定性，因此服务创新过程中要注重战略柔性能力的培养。组织合法性在企业资源获取以及市场方面起到不可或缺的作用，因此制造企业在服务创新过程中应当注重组织合法性的重要性，使得其成为企业文化或者价值观的一部分。

3.2　制造企业服务创新外部维影响因素研究

制造企业在进行服务创新时，为了尽量避免失败的风险并实现预期成果，仅仅依靠企业自身的力量是远远不够的，必须把企业外部的各个参与主体也纳入服务创新过程中，外部主体参与对提高制造企业服务创新绩效发挥着举足轻重的作用。在外部参与主体中，顾客和供应商是最为重要的两部分。因此，本部分将研究供应商参与以及顾客参与对制造企业服务创新绩效的影响机制，明确供应商参与以及顾客参与对制造企业服务创新的具体影响。

1. 顾客参与和供应商参与对制造企业服务创新绩效的影响

目前，顾客参与和创新绩效的相关研究主要集中于新产品开发或是产品创新领域，在服务创新领域的研究较为欠缺，并且多数研究结果指出，顾客参与对产品创新绩效有正向影响。恩格斯特罗姆等（Engström et al.）在研究中发现，在新产品开发过程中，顾企间的互动水平越高，以及顾客的参与越积极，则企业的创造性水平越高。利昂等（Leone et al.）指出，顾客有效参与可以显著提升新产品开发的成功概率。莱特尔（Lettl）以案例研究的方式得出结论，认为企业与顾客互动时要对顾客的优先级加以区分，针对关键客户，企业与之互动程度越高，则企业越有可能从创新中得到更多收益。

诸多学者运用实证的方法研究了顾客参与和创新绩效的关系。如埃里克等（Eric et al.）研究发现，在新产品开发的每个阶段中，顾客参与会使得新产品开发成功的可能性大大提升。也有学者将创新绩效划分为不同维度，并研究了顾客参与对创新绩效不同维度的影响，如达菲尔德等（Duffield et al.）针对新服务开发展开研究，其从操作性和市场性两个维度来评估服务创新绩效，研究发现，顾客参与直接正向影响操作性维度，而间接影响市场性维度，并且发现操作性维度在顾客参与和市场性维度中起中介作用。

除顾客参与对产品创新的影响，在服务创新领域，基于服务自身的特性，顾客参与对服务创新绩效会产生更加显著的效果。首先，服务开发很大程度上受市场环境的影响，面临较高的不确定性，通过顾客参与，企业可以更好地掌握客户需求，有利于更加明确地把控市场形势，从而更加游刃有余地应对市场变化。其次，由于服务自身具备的生产和消费同时性的特征，顾客与企业之间的合作生产是必不可少的，顾客参与服务创新过程可以促使企业更好地理解用户需求，从而顾客的愿景得以更充分的满足。因而无论是对企业还是顾客本身，顾客参与服务创新都有着不可替代的益处。通过客户的参与，制造商和客户建立了共同的愿景、目标与工作方式，并且客户的参与构成了一个搜索渠道，减少了制造企业收集信息和知识所需的时间。最后，顾客参与可以使公司尽早发现潜在的技术问题，帮助公司在服务开发的早期阶段及时做出改变，避免浪费时间，并加快服务创新。最终本书得到假设：

H3-6：顾客参与正向影响制造企业服务创新绩效。

2. 供应商参与对制造企业服务创新绩效的影响

制造企业之间的竞争已经不再是单个企业的竞争，而逐渐演变为供应链和供应链间的竞争，这个观点已经被广泛认可和重视。供应商在供应链中的地位决定着其在服务创新过程中发挥着举足轻重的影响，与供应商形成良好的关系，将会提升整个供应链的效率以及效益。

国内学者通过实证研究证明了供应商参与正向影响服务创新绩效，根据国内学者研究，可将服务创新过程划分为五个阶段，供应商在各个阶段均发挥了不可替代的作用，在服务创新的创意生成阶段，供应商起到了提供新思想和新创意的作用；在概念开发阶段，供应商协助制造企业识别关键服务过程的技术，参与概念开发的过程；在服务创新的设计阶段，供应商协助服务生产方案的设计与最终确定；在新服务生产阶段，供应商提供了质量可靠的原材料以及相关设备；在服务创新评价阶段，供应商对全过程的创新绩效进行协助检测与评估。

在信息共享方面，供应链上的信息共享使得供应商及时获取与最终客户相关的信息，因而供应商可以提前准备好相关原材料，同时，供应商的新技术得以迅速投入到制造企业的实践中。

作为外部创新搜索的渠道，供应商的参与对企业的新产品开发绩效有积极影响。供应商的参与可以在三个方面促进服务开发的绩效：第一方面，供应商的参与丰富了知识库，增加了提议的解决方案的种类和数量。因此，供应商的参与可以帮助企业更快地将新服务推向市场，从而提高解决问题的效率。第二方面，企业几乎没有新服务创新所需的所有资源和知识，供应商的参与可以补充他们的能力和解决问题的资源基础。第三方面，企业往往要经历一段时间的反复试验才能学会如何从外部获取信息和知识。供应商参与为制造企业开辟了一个崭新的通道，从而减少了学习效果导致的不良作用，帮助制造企业形成更多更优质的服务创新，由此提升服务创新绩效。最终本书得到假设：

H3-7：供应商参与正向影响制造企业服务创新绩效。

3. 知识共创的中介作用

（1）顾客参与对知识共创的影响。顾客拥有与制造企业服务创新相关的知识，尤其是重点顾客和领先顾客，这类知识是企业外部极为重要的资源，顾客知识资源的可贵性体现在顾客储备的知识与服务创新高度相关，并且顾客具有处理实际项目难题的操作能力。制造企业服务创新实践最需要解决的问题之一就是探索如何有效地开发和利用顾客知识。为此，制造企业为了提升服务创新的成功概率，纷纷考虑将顾客吸纳进服务创新的过程，第一时间掌握顾客信息。此外，信息技术的发展有助于制造企业搭建整合外部知识的平台，借助先进技术和平台的力量，企业可以更充分地利用顾客知识激发创新。有学者指出，顾客参与不仅是单纯地对自身拥有的知识进行转移，而且是为共同创造知识提供了机会，客户在服务开发活动中的角色越来越关键，并呈现动态性，这是由于客户具备关于需求和偏好方面的信息和知识。从创新搜索的角度来看，在外部空间中寻找知识和解决方案可以丰富企业的知识储备，并且方便进行资源和能力的互补。通过这种方式，顾客参与可以为产品开发拓宽外部创新搜索范围，降低创新搜索成本。利用客户的知识使公司能够以更有效和更有效率的方式开发新服务，因为它保证了设计团队成员随时根据顾客的口味进行更新，减少需求的不确定性。此外，顾客参与可以改善沟通和反馈的程序。

（2）供应商参与对知识共创的影响。与顾客参与类似，让供应商参与产品开发过程也扩大了外部的创新搜索范围，降低了创新搜索成本，从而提供更多企业解决问题的选择。广泛的供应商形成了网络，并提供了可以加快资源采购的信息渠道，供应商参与还促使供应商和核心企业进行战略性运作合作。供应商凭借在产品创新和过程创新方面的专业知识和经验，可以为实现特定的目标提供实质性的帮助。让供应商参与产品开发过程，使公司在产品开发过程的早期能够识别潜在的问题，如相互矛盾的规格或不切实际的设计，并有助于更好地协调沟通和信息共享，确保新服务导入项目顺利按时完成。

因此，研究普遍认为供应商的天赋和能力可以为服务创新过程中的知识共创带来显著优势，这是由于供应商提供了技术、原料和工艺能力方面的有价值信息。供应商提供的信息是多元化的，这将对新服务开发速度和成本带来显著影响，并且在减少不确定性和复杂性、实现产品和客户之间的最佳匹配方面，供应商也会提供很好的建议。

（3）知识共创对制造企业服务创新绩效的影响。在克拉克的著作《组织的创新》中，作者指出，未来的组织将发展为涵盖众多主体的混合网络，与以往聚焦于产品不同，组织将转变为更加重视信息流程。在某个组织中，信息越能流畅的沟通，则其创新能力越强。知识创新直接导致了新思想、新流程、新模式的出现，而混合网络中主体企业以外的成员所具备的异质性知识会有效促进创新思维的形成。奇鲁马拉（Chirumalla）在研究中指出，对于拥有不同服务供应商的制造企业来说，不同供应商间的差距主要体现在知识优势方面，然而核心的制造企业仍需要构造自身专属的内部和外部知识网络，凭借知识创造的方式使服务提供的模式得以创新。服务供应商提供给制造企业的各种服务，本质上是供应链上不同成员间知识整合的成果，知识的增强能促进服务提供的设计与传递。李纲等提出，服务型制造企业间竞争的关键是知识资源和知识管理水平，知识能力是为顾客提供优质服务的基础和前提，并且直接决定了企业的竞争优势。

也有学者从企业外部视角入手，实证研究了核心企业与顾客、供应商等外部主体保持信息和知识的共享对创新能力的影响。研究发现，企业以知识共享、整合、创造的方式能提升思维和想法的创新水平，同时组织的知识结构得以有效丰富，从而使企业取长补短，弥补自身缺陷，进而提高创新绩效。郑万松等通过实证研究表明，知识共享正向促进服务创新能力，企业在知识共享的过程中得以吸收新知识，继而对知识进行处理、分析和整合，最终有利于形成新知识，并导致崭新的服务提供模式的出现。索内和普兰代利（Sawhney and Prandelli）提出，企业通过跨界进行知识创造可以有效降低信息模糊性，提升与市场需求的契合程度，从而更好地满足顾客，此外，知识创造有助于激发更大的创新潜力。库马雷山（Kumaresan）认为，顾客参与企业的知识创造对企业的新产品开发能力有显著的提升作用，并且与顾客合作进行知识创造还能帮助企业深入把握顾客需求，尤其是不易被察觉的隐性需求和潜在需求。在目前的知识经济时代，顾客是知识共创过程中的一个重要角色，与顾客共同创造知识不仅对企业新产品及新服务的生产有促进作用，还可以增进顾客满意度，培养顾客的品牌忠诚度。同时，知识共创不断进行良性循环，使得企业知识更加独特，变得更加难以模仿，并且成为企业服务创新的潜在动力，知识的共同创造是保证企业开发出新产品的现实需要。

从知识基础观的角度看，组织之间的绩效差异主要是由于组织具备的不同的知识储备水平及关于其用途的不同能力。新服务开发是一个高度的知识创造过程，而从企业内部得到的知识对于服务创新而言并不是完全可用的。为了提高服务创新的绩效水平，越来越多的制造商正在寻求外部知识，以克服与新技术和新市场相关的学习曲线，冯和张等（Feng and Zhang et al.）提出，外部的顾客参与和供应商参与是一个重要的知识来源。通过与外部主体合作创造知识，制造企业有机会融入外部多主体构成的庞大网络中，并建立丰富的联系。通过与网络内大量组织的互动，公司可以从广泛的渠道收集信息和知识。最终本书得到假设：

H3-8：知识共创在顾客参与和制造企业服务创新绩效之间起到中介作用。

H3-9：知识共创在供应商参与和制造企业服务创新绩效之间起到中介作用。

4.环境动态性对制造企业服务创新绩效的影响

权变理论指出，一切都不是静态的，随着目标、技术以及市场等的不断变化，企业的相应权力构成和组织形态都会随之变化。中国的制造企业所处的商业环境呈现多元化，并具有较强的异质性，在这种情况下，制造企业的服务创新必然会受到环境动态性的影响。目前，关于环境动态性的定义被广泛接受的是拉佐尼克等（Lazonick et al.）所提出的，他认为环境动态性即企业外部的市场环境与技术环境的不断变化情况，并且这种变化无法人为预测。环境动态性关注的是企业外部环境的稳定程度，包含环境因素的改变程度以及不确定性水平，本书将环境动态性定义为制造企业所处行业的趋势以及技术创新的变化程度。

环境动态性的提高对于制造企业的服务创新提出了更高的要求，制造企业需要更快速而有效地搜寻、汲取、整合并创造出新知识以及其他服务创新所需要的要素，从而发展出能适应环境要求的创新产出。在较低的环境动态性情况下，企业的危机意识相比高环境动态性的情况下会有所降低，因而企业持续进行服务创新的意愿会有所减少。此外，知识创造、资源整合等要素获取机制的运作离不开人力、时间以及财务成本等资源的投入，若企业感知到的外部动态性较低，则出于减少支出的目的，企业会减少知识创造、资源整合等要素获取机制的使用。知识创造机制、资源整合等要素获取机制以一定的过程与结构促进各种要素的汲取、流动与共享，一旦环境动态性降低，企业的知识创造、资源整合等要素获取机制虽然也会带来一定的创新绩效，然而外部环境对制造企业服务创新的要求并不是很高，企业面临的外部压力较低，从而导致制造企业内部成员在获取新要素时采用的要素是相对熟悉的，创新性不是很高，因而在这种情况下服务创新绩效会有所下降。而环境动态性较高的情况下，尽管企业的发展会受到来自外部的一些局限，然而这也为企业突破现存的组织刚性提供了机会。此时知识创造、资源整合等要素获取机制可以促进企业内外部及企业自身各个部门之间进行密集而广泛的有关服务创新的沟通和交流，使得制造企业进行服务创新所需要的要素间的模糊性得以厘清，引致更多新想法与新实践的诞生。更高的环境动态性迫使企业更加高效地利用客户及供应商等外部群体流入组织内部的知识、资源等要素，为了满足环境的需要，企业必须进行比以往更加实时而密集的信息沟通，在高频及高质量的互动中，企业对各要素有了更加明晰的认识，从而更有效地利用各种服务创新所需的要素，最终提升制造企业的服务创新绩效。综上所述，在较高的环境动态性条件下，制造企业的知识创造、资源整合等要素获取机制可以更充分地发挥作用，有利于对外部吸收的知识、资源等要素进行组合及再创造，从而实现与环境的匹配，并提升企业的服务创新绩效。最终本书得到假设：

H3-10：环境动态性对制造企业服务创新绩效产生正向影响。

5. 小结

本节主要针对影响企业服务创新的外部维因素做了探讨并得出以下模型（如图 3.2 所示）。

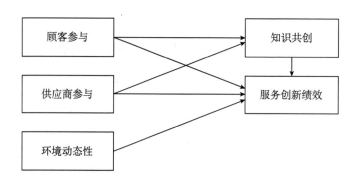

图 3.2 制造企业服务创新外部维影响因素模型

本章节研究识别了制造企业服务创新过程中供应链上合作伙伴参与的相关因素，即顾客参与、供应商参与，并深入探讨了知识共创在顾客参与、供应商参与对制造企业服务创新的影响中的中介作用。研究表明，顾客参与使得制造企业能够更准确地掌握客户的需求，从顾客处获得相关知识，从而提升顾客满意度，促进服务创新绩效的提升。供应商参与使得制造企业获得更多的有关于服务创新的知识以及信息，且供应商的参与使得服务提供的流程更加透明、稳定，提升了服务创新绩效的稳定。知识共创在顾客参与、供应商参与对制造企业服务创新绩效的影响中起到中介作用，可见在服务创新过程中应当加强与顾客以及供应商的知识交流，从而促进服务创新绩效的提升。在较高的环境动态性条件下，制造企业的知识创造、资源整合等要素获取机制可以更充分地发挥作用，有利于对外部吸收的知识、资源等要素进行组合及再创造，从而实现与环境的匹配，并提升企业的服务创新绩效。因此企业应当注重制度治理，组织文化的培养，以期应对较高的环境动态性，从而提升制造企业的服务创新绩效。

3.3　制造企业服务创新交互维影响因素研究

从制造企业进行服务创新的过程来看，服务创新能否成功进行，受到供应链上合作伙伴及顾客的影响。客户既是企业服务的对象，又是制造企业服务创新过程中不可或缺的参与者，同时，企业在服务创新中离不开供应商在技术与服务上的支持。因此，传统制造企业在服务创新过程中，不仅受到自身因素的影响，还受到客户、供应商等方面因素的影响。供应链企业参与服务创新过程中的组织间控制、顾企互动、关系资本等对服务创新的绩效起着不可忽视的作用。

1. 顾企互动对制造企业服务创新绩效的影响

由于世界经济的发展，全球一体化进程的不断深化，全球联系更加紧密，另外信息时代已经改变了传统的工业结构，高新技术产业成为主导，制造业的各项环境和条件发生了翻天覆地的变化，如何适应新环境下的发展，积极寻求战略转型成为一大难题。晁钢令认为，服务业是从传统制造业的部分环节中分化形成的，可以产生较为强烈的外溢效应。

传统的企业运行模式将顾客需求作为导向，引领企业向前发展，顾客会无形之中被要求在生产过程中有所参与。在新时代下，这种单向信息传递方式已经不能够适应企业的变化和发展。这种状况下，企业自身就要做出改变，从服务上进行深化改革和创新。有问题就需要解决，顾企互动的双向高频模式应运而生，它的出现大大缓解了企业的创新压力，极大地促进了顾客满意度的提高。

服务业本质就是企业与顾客二者交流产出新服务的过程，这是由其生产与消费的同时性决定的，企业先要通过与顾客互动并从中获取有用的信息，以此为基础再开展目标服务生产和传递。最重要的是，整理分析顾客详细的特征以及表现，进而归纳出有用信息和价值。

贾亚斯尔玛（Jayaslmha）对服务创新重新进行了阐述后，认为顾客和企业深层次的互动就是其独特的性质，但是企业想要开展创新就要受到二者互动的频率和程度的制约，创新深度要取决于制约的程度。服务转型制造企业的服务创新对顾企互动的要求非常高，效率上要高效且次数上要频繁，而且要保证是在全过程中，这才能吸收到独有的信息和知识。基冈和特纳（Keegan and Turner）认为，想要开展服务创新，首要的任务是做好顾企互动以及获得有用的市场信息。顾企的信息共享使得企业及时获取到顾客需求，并以此为基础进行新产品以及服务的开发。

顾企信息分享的重要性在企业进行新服务开发时得到了充分的体现。在制造企业进行新服务开发的每一阶段都应与客户交流，以获得其在该阶段的需求。格里芬和豪瑟（Griffin and Hauser）认为，服务应该和顾客需求是对应的，如何涵盖所有顾客的相关信息成为在初期阶段成败的关键。企业应在这一过程中科学处理顾企二者之间关系，提高获取顾客信息的效率，进而为捕捉顾客内在需求打下基础，增强产品开发的竞争力和多样性。随后，凯利（Kelley）的研究获得了相似的结果。某些高端顾客对信息的数量和质量需求非常高，从企业层面讲，可以为产品设计指明方向和标准，从顾客层面讲，可以让他完全明白自身的内容与责任，根据自身实际需求来选择对的服务产品类型，从两个层面使企业运行的风险概率大大降低。

拉松和伯恩（Larsson R. and Bowen D. E.）认为，一些服务提供商的劳动在实际过程中被顾客取代了，也有利于成本的降低，另外对顾客需求的特质产品可以更好地去设计服务。菲茨西蒙斯（Fitzsimmons）认为，顾客在实际互动过程中要占有更重要的地位，它指出顾客不仅能够替代部分劳动力供给，而且对于一些人际交互的高端技术都可以进行替代，基于顾客能够带来的优势，企业可以充分利用顾客来增强创新能力和提升生产能力利用率，增强企业综合效益，企业可以采取合理措施引导顾客。服务创新阶段，在整合与分析方面，顾客甚至比专业研发人员的作用更加突出，甚至影响到了产品的产出，因此顾企互动在企业创新过程中的某些时候比企业专业的研发人员的作用性更大。

总之，通过顾企互动能使得企业更加了解客户，设计出符合顾客需求的产品或者服务，经过频繁的顾企互动，企业创新能力和服务绩效也会向着积极的方向发展。最终本书得到假设：

H3-11：顾企互动对制造企业服务创新绩效的提升有正向影响。

2. 组织间控制对制造企业服务创新绩效的影响

组织间控制是指组织为实现其在不同发展阶段、不同时期的实际需要与长远战略目标所制定的规划和制度安排，包括但不限于组织内成员应采取的行动、组织内成员行动的方式等。在目前的研究成果中，组织间控制同创新绩效间关系的研究众多，但在制造企业服务创新绩效领域的研究较为欠缺，大部分研究结果主要反映的是组织间控制在创新绩效中的正向影响。

学界在对组织间控制和企业绩效两者间关系的研究中发现，良好的组织间控制往往对绩效具备着良好的调节与促进效果。约瑟夫·斯蒂格利茨（Joseph E. Stiglitz）在研究中发现，组织间的强控制关系能够保障职责的履行和权利激励的运用，使企业的运作水平与绩效指标得到提升。阿卜杜勒·阿齐兹等（Abdul-Aziz et al.）通过多案例分析发现，项目缔约阶段、履约阶段采用的控制机制最终可以使企业合作时的绩效得到改善。王琦等通过实证研究发现，组织间的控制机制包含多种方式，其中信用控制与合作绩效呈正相关关系。刘等（Liu et al.）通过案例分析发现，组织间控制方式的数量以及多种控制方式间的相互作用决定了项目的绩效。佘志鹏等通过实证研究发现，企业进行项目合作过程中的信任、控制对项目成功和项目绩效有着重要影响。李翔等对协同创新过程中组织间和组织内的控制治理机制及其交互对产品开发绩效产生的影响进行研究，通过实证验证了组织间控制同绩效间的明显正向影响关系。通过上述研究可以发现，组织间控制能够明显起到对创新绩效的正向促进作用，可认为其具有显著影响。将其拓宽应用到制造企业服务创新领域，考虑服务及服务化进程本身更强调组织的创新，且创新结果具备较强的无形性，因此组织间控制对创新绩效的显著影响作用应用与制造企业的服务创新过程中会更加有效。

首先，当前阶段制造企业的服务创新活动相较传统制造业创新而言，更强调人力资本、组织等因素。除传统的产品和过程创新方法之外，更加关注组织管理、组织结构、组织交互等层面的创新。以往研究中，交易成本理论认为组织是自利的，只要有需要它们就实施机会主义行为。这意味着制造企业在进行服务创新时需要重点关注组织间控制产生的影响，通过高效合理的控制以更好地促进企业、各组织间的合作，削弱机会主义行为的影响，从而实现绩效的显著提升。其次，由于制造企业服务创新进程与知识交互、知识共享等紧密相关，企业合作时交互的过程和创新的成果往往是无形的，无法采用简单直接的量化手段进行评价。因此企业在进行制造企业服务创新时更应该关注组织间控制的重要作用，通过采用契约控制、社会控制等多种控制机制，抑制企业服务创新过程中存在的机会主义行为，使企业间进行的协同合作更好地服务于企业的核心目标。由此发现，对于进行服务创新活动的企业来说，组织间控制具有至关重要的作用。最终本书得到假设：

H3-12：组织间控制对制造企业服务创新绩效的提升有正向影响。

3. 关系资本的中介作用

（1）顾企互动对关系资本的影响。顾客是服务创新最重要的一个组成部分，它涉及其中的多个环节，不论作为参与者还是合作者与体验者，甚至是最后的评价者，在制造企业进行服务创新的过程同样如此。康庄等指出，顾客加入整个的服务过程中可以建立良好的关系，加深彼此信任和理解，共享信息。韩辉根据实际数据发现，顾客对个人的信任往往是通过参与的过程实现的。张正林等指出，顾客加入创新过程时会亲身感受到产品和服务的好坏并和员工建立密切关系，加深彼此信任。张若勇认为，顾客会在参与服务过程中产生部分角色外的行为，这一定程度上能够拉近顾客与企业的情感。

企业从与顾客的关系资本交互中能够获得相当多的益处，不仅提供了顾客知识的评估架构，还增加了学习知识的渠道，实现技巧性的增强。从二者的关系中，企业能准确及时地收集到多方面信息，如需求点、期望值和消费方式，并以此进行创新。阿拉姆（Alam）研究认为，如果一旦顾客参与到服务创新绩效中，影响力的大小和顾客及开发团队的合作关系呈正相关。戈奇（Gotsch）调查得出的结论也证实顾客的参与效果受到二者沟通和交流的重要影响。西尔维娅·阿尤索（Silvia Ayuso）认为，良好关系的建立，是创造性以及实用性知识收集获取的前提条件。如果服务企业和顾客关系资本非常强大，二者之间就会形成一种相互促进的作用，二者会对互相的需求点也就是信息和知识进行相互补给，大大提升服务创新的概率。新服务在进行市场投放之前，企业需要知道顾客对产品的反应，这时候二者的强关系资本可以让企业更加简洁地收集到顾客的价值评定，从而有利于新服务价格的确定和产品投放。因此，刘和陈（Liu and Chen）指出，员工与顾客二者的交流和理解非常关键，这是获取信任的途径。另外，每当新服务投入市场，强关系资本的顾客往往能够率先接受新服务，并将新服务的信息以及自身的体验和获得感分享给其他人，这都是双方信任产生的结果，最终将促进新服务推广，增强企业效益。可见，顾企互动对关系资本有正向影响。

（2）组织间控制对关系资本的影响。社会资本被学者们认为是组织在进行商业运作与日常运营时不可或缺的重要资源。通过研究，他们将这一资源划分为三个维度，其中"关系维"关注的是组织在合作共享等活动过程中，如何把控组织间、组织成员间的持续交流与协同交互，从而使组织间建立高度互信的关系，为进一步的合作奠定基础。由于发生在商业活动中的机会主义行为会带来交易成本和监督成本的增加，不利于组织间进行知识共享、资源互补等活动，导致企业参与市场交易时势必面对信息不对称的负面影响。而关系资本作为一种重要的战略资源，能够有效促进组织间的合作共享，强化组织间的信任关系，从而减少机会主义行为的发生。因此，通过加强对关系资本的掌控，削弱了机会主义行为对组织的影响，最终的导向是为企业的创新绩效带来提升。之前的众多研究中已经提出高度信任和有效的承诺是企业建立战略同盟和长期合作伙伴关系的重要前提，也是能有效评价企业间合作互信程度的影响因素，这明确指出对以上要素的关注与否将充分关系到企业能否充分发挥关系资本的价值来改善绩效。

而组织间控制作为组织为实现目标制定的重要规划与制度安排，最显著的作用是促进企业间的互利互信，使得组织间能够积极有效地分享机会与信息，从而摆脱传统条件下的信息不对称环境，实现资源、能力等关键要素的互补。组织间控制作为一项重要的组织间合作行为，在组织合作与共享关系建设中起到的重要作用和显著效果，使其被认为是组织采取外生型创新战略的关键内涵。由此可见，组织间控制同企业的关系资本间有着紧密的联系，良好的组织间控制能力能够充分促进企业对于其关系资本的管理和价值的发挥。

针对这一逻辑，许多研究都重点关注了组织间控制同关系资本的关系以及两者间产生作用的过程和结果。库珀和克莱因施密特（Cooper and Kleinschmidt）在研究中发现，在企业进行新的业务与项目时，采取行之有效的组织间控制能够使企业从顾客需求角度出发，实现真正有价值有意义的创新。穆特里（Nooteboom）提出，组织间控制通过使具有核心价值的信息在组织内组织间分享传递，加强了组织间的业务联系，这充分说明了组织间控制对关系资本的作用能力和潜在价值。诸多学者基于战略联盟、组织架构等视角，通过理论研究与实证研究探究了组织间控制对关系资本的作用机理与逻辑关系。相当数量的研究发现，企业间采取的高效控制手段能够促进交流、沟通、学习和创造行为的产生，并最终有效作用于关系资本这一关键资源。此外，关系资本是推动企业间进行互补性合作的关键动因。斯科特·格雷维（Scott J. Grawe）的研究结果表明，关系资本是知识在组织间进行转移和交流的过程中诞生的，而组织间控制能够有效提升这一过程中所形成的关系资本的质量。刘玲在研究中发现，战略联盟中的组织间控制机制能够积极促成良好的合作状态。这些研究成果都说明企业在合作过程中，通过加强组织间控制以管理学习和交互过程，能够明显促进企业竞争力的提升和战略联盟关系的构建。而关系资本在这一过程中起到了同组织间控制相互影响的正面促进作用。包凤耐在网络环境下的关系资本维度划分研究中发现，在信任、承诺、专用性投资等领域关系资本的影响作用明显，能够显著推动企业间的信息共享与知识共享。而企业可以通过良好的组织间控制，从多个维度对这种共享合作进行把控。由此可以发现，切实有效的组织间控制对于改善企业间关系、促进企业合作意愿有着良好的作用，有利于企业加强对关系资本的管理和使用。可见，组织间控制对关系资本有正向影响。

（3）关系资本对制造企业服务创新绩效的影响。制造企业在服务化战略下能否高效地实施服务创新，所进行的服务创新活动能否真实提高创新绩效，与企业能否高效管理、充分利用与各个利益相关者间的关系资本拥有着莫大的联系。特步兰赫（Terblanche）在研究中发现，当企业与其利益相关者建立了良好的沟通机制后，就能够充分发展同利益相关者间的关系资本，并与之共同追求创新目标。张旭梅、陈伟等认为，关系资本作为一项企业互动间的关键资源，其关注的是基于长远的合作意愿出发所建立的良好交互机制，从而积极促进企业及其利益相关者间形成长期、稳固的战略合作伙伴关系。通过研究可以发现，对于以顾客、合作方为代表的外部利益相关者，只要同企业形成了互利互惠的信任关系后，该部分利益相关者才会被企业的创新体系接纳，从而在服务创新的一系列业务流程中展开深入合作。一系列的研究结果表明，关系资本对于促进企业同顾客、合作者等外部利益相关者的长期合作效果显著，同时对提升员工、管理人员等内部利益相关者的信任感与归属感也起着关键作用，这有利于企业实现内部信息和知识的有效共享，并最终改善组织绩效。

作为与外部利益相关者联系最紧密的企业内部主体——员工，对于维持组织和外部利益之间的关系具有十分重要的作用。通过鼓励员工积极参与利益相关者导向的相关活动，能够发挥关系资本对于服务创新的推动作用。由于制造企业服务创新的过程中存在着各种各样的参与者，各自拥有着不同的利益需求，因此妥善处理管理者、部门工作人员、相关顾客以及合作伙伴之间的利益关系，建立各个主体之间的相互信任机制对于企业来说至关重要。

制造企业在服务创新的过程中，要完善同利益相关者间的信任机制，这可以通过加强与利益相关者之间的沟通来实现。通过彼此沟通，了解利益相关者的诉求，消除两者之间思想的障碍，从利益相关者的角度出发，以更好地解决问题，从而实现共赢。此外通过关系强化，能使形成的关系资本转变为企业创新可以使用的资源，从而达到服务创新风险的降低和绩效的提升。

在新服务的开发和测试过程中，顾客具有导向性的作用。制造型服务企业的关键在于针对不同的客户群体，准确识别其对应的需求，并通过相关资源的大量投入，与顾客建立彼此信任、相互合作的关系资本，从而降低服务创新的风险，创造更大的利益。企业要与利益相关者共同构建一套双方都认可的战略目标、价值观，让互利共赢的理念为所有利益相关者所接受。充分共享信息等资源，从而提高关系资本的价值和企业的绩效。

利益相关者之间的交流互动贯穿服务创新的整个过程，并引起"关系"的发展。沃多克（Waddock）的相关研究成果表明，关系资本在组织成员、顾客等利益相关者的参与影响服务创新的绩效机制中起到中介作用。企业通过与利益相关者构建目标一致、合作共赢的互动关系，打造超额的价值，实现企业服务绩效的提升。最终本书得到假设：

H3-13：关系资本在顾企互动和制造企业服务创新绩效之间起到中介作用。

H3-14：关系资本在组织间控制和制造企业服务创新绩效之间起到中介作用。

4. 小结

本节主要针对影响制造企业服务创新的交互维因素做了探讨并得出以下模型（如图 3.3 所示）。

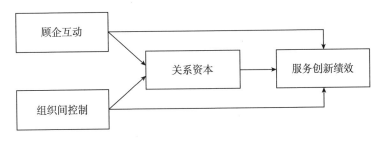

图 3.3　制造企业服务创新交互维影响因素模型

本章节研究识别了服务创新过程中制造企业与供应链上合作伙伴之间的因素，即组织间控制、顾企互动，并深入探讨了关系资本在组织间控制、顾企互动对制造企业服务创新的影响中的中介作用。研究表明，组织间控制通过契约控制等使得企业之间的机会主义行为减少，更好地激励了企业之间知识共享等合作活动，并且为服务创新过程提供了组织支持。顾企互动使得信息得到了双向流通，顾客需求得到最大限度的满足，从而促进了服务创新绩效的提升。同时，组织间控制、顾企互动使得供应链上的所有利益相关者之间的联系更加紧密，使得其关系资本提升，从而促进了制造企业服务创新过程中供应链企业更加稳定的合作。

3.4　本章小结

本章基于现有研究，将制造企业服务创新的影响因素划分为内部维、外部维、交互维三个维度，在内部维中探讨了一线员工参与、组织创新氛围、战略柔性、组织合法性对制造企业服务创新绩效的影响，以及知识整合在一线员工参与对制造企业服务创新绩效中的中介作用；在外部维中探讨了顾客参与、供应商参与、环境动态性对制造企业服务创新绩效的影响，以及知识共创在顾客参与、供应商参与对制造企业服务创新绩效中的中介作用；在交互维中探讨了顾企互动、组织间控制对制造企业服务创新绩效的影响，以及关系资本在顾企互动、组织间控制对制造企业服务创新绩效中的中介作用。最终提出了本书制造企业服务创新的内部维、外部维、交互维三个维度的影响因素的概念模型，并提出下列假设（如表 3.1 所示）。

表 3.1　　　　内部维、外部维、交互维影响因素与制造企业服务
创新绩效的研究假设

序号	假设内容
内部维	
H3-1	一线员工参与正向影响制造企业服务创新绩效
H3-2	知识整合在一线员工参与和制造企业服务创新绩效中起到中介作用

续表

序号	假设内容
H3-3	组织创新氛围正向影响制造企业服务创新绩效
H3-4	战略柔性正向影响制造企业服务创新绩效
H3-5	组织合法性正向影响制造企业服务创新绩效
外部维	
H3-6	顾客参与正向影响制造企业服务创新绩效
H3-7	供应商参与正向影响制造企业服务创新绩效
H3-8	知识共创在顾客参与和制造企业服务创新绩效之间起到中介作用
H3-9	知识共创在供应商参与和制造企业服务创新绩效之间起到中介作用
H3-10	环境动态性对制造企业服务创新绩效产生正向影响
交互维	
H3-11	顾企互动对制造企业服务创新绩效的提升有正向影响
H3-12	组织间控制对制造企业服务创新绩效的提升有正向影响
H3-13	关系资本在顾企互动和制造企业服务创新绩效之间起到中介作用
H3-14	关系资本在组织间控制和制造企业服务创新绩效之间起到中介作用

第4章 制造企业服务创新影响因素的实证分析

4.1 问卷设计与数据收集

问卷由三部分构成:(1)问卷说明,包括基本概念说明和填写说明。为了方便调查对象填写,问卷对供应链和服务创新进行了概念界定,并给出了问卷填写说明。(2)问卷具体内容,包括本研究的三个子模型中的自变量、中介变量和因变量的相关量表。(3)基本资料,包括被调查对象的性别、年龄、学历、企业性质及所处行业、被调查人员的职位。

问卷量表采用 Likert 五刻度评分法,对每个问题均给出五个描述性刻度(1、2、3、4、5),依次分别表示被调查对象非常不同意、不同意、不确定、同意、非常同意五种选择形式,被调查对象根据自己态度进行选择。

1. 内部维变量题项

对于一线员工参与的测量,主要借鉴克里森等(Klyeysen et al.)、杨洋等有关员工参与的量表,结合一线员工的特点,从一线员工的行为以及想法两个维度来测量一线员工参与服务创新的程度,具体题项包括:(1)一线员工在创新过程中会提出一些新的想法或解决问题的办法;(2)一线员工会去寻找改善服务的机会;(3)一线员工会把自己的新想法共享给同事或领导,以寻求支持与认可;(4)一线员工积极参与服务创新的决策和方案实施;(5)一线员工主动与顾客接触,以获取需求信息或新想法。

对于知识整合的测量,主要借鉴王琳、徐蕾等研究成果所提出的衡量题项,并结合访谈和实地调研所获取的信息,从知识的来源以及应用两个维度来测量制造企业的知识整合能力,具体题项包括:(1)本公司经常从供应商以及客户处获取可利用的知识;(2)本公司能将新获取的与创新项目相关的知识与已有知识整合在一起；（3）本公司能将供应商与客户的知识在创新项目层面进行有效整合；（4）本公司能利用不同领域知识开发新的服务项目；（5）本公司在整合知识过程中，面对知识冲突等问题具有合理的解决措施；（6）本公司能利用知识提升自身的知识和创新能力。

对于组织创新氛围的测量，主要借鉴郑建君等根据中国本土化管理情景编制的组织创新氛围量表，从工作自主、团队协作和组织激励三个维度来对组织创新氛围进行测量，具体题项如下：（1）我可以自主设定工作进度；（2）我可以自主决定如何实施工作方案；（3）工作中我有自主发挥的空间；（4）同事间经常就工作中的问题进行交流和探讨；（5）同事会主动协助我完成工作；（6）我能感受到同事的支持和关心；（7）公司对有创新想法的员工会给予奖励和报酬；（8）公司的奖励制度使员工富有创新热情；（9）公司鼓励员工提出有创意的点子；（10）公司的奖励制度有效地促进了工作创新。

对于组织合法性的测量，基于严卫群等的研究并结合访谈和实地调研所获取的信息，并集中于供应商、同行、公众、顾客、市场监管部门和国有金融机构等利益相关者对企业的认可度，采用 6 个指标对组织合法性进行测量，具体测量题项为：（1）本公司的行为得到供应商的认可；（2）本公司的行为得到同行的认可；（3）本公司的行为得到公众的认可；（4）本公司的行为得到顾客的认可；（5）本公司的行为得到市场监管部门，如工商、税务、质检等部门的认可；（6）本公司的行为得到国有金融机构，如国有银行的认可。

对于战略柔性的测量，基于林亚清等、裴云龙等的研究，从资源的使用以及部门协调两个维度对战略柔性进行测量，具体题项包括：（1）同一种资源在本企业内部各部门间的共享程度很高；（2）同一种资源用于开发、制造和销售不同产品或服务的程度很高；（3）同一种资源从一种用途变为另一种用途的成本和难度很小；（4）同一种资源从一种用途变为另一种用途的时间很短；（5）公司允许各部门打破工作程序，以保持工作灵活性和动态性；（6）公司拥有非常畅通的内部沟通渠道和机制。

2. 外部维变量题项

对于顾客参与的测量，借鉴陶晓波等、崔和吴（Cui and Wu）的研究，根据制造企业服务创新中顾客参与的实际情况进行调整和修改，从信息分享、人际互动和合作生产三个维度对顾客参与进行测量，具体题项包括：（1）顾客积极地把自己拥有的相关信息提供给我们；（2）公司能随时知晓顾客的情况;(3)顾客能提供有关其需求和偏好的信息;(4)顾客很信任本公司;(5)本公司与顾客有着十分密切的联系;(6)本公司有时会与某些顾客交流他们的私人问题;(7)本公司会组织一些与业务有关的非正式活动;(8)顾客的努力对服务创新活动起到了非常重要的作用;(9)顾客的知识与技能对服务创新非常重要;(10)顾客能够自己设计初步的问题解决方案或指定方案思路;(11)本公司服务创新的顺利进行,需要与顾客相互请教与支持。

对于供应商参与的测量,主要借鉴了瓦斯蒂和利克尔(Wasti and Liker)、纪雪洪等的研究成果,从参与阶段、参与程度两个维度对供应商参与进行测量,具体题项包括:(1)供应商在新服务概念确定与服务规划阶段参与服务创新;(2)供应商在服务的原型设计与构造阶段参与服务创新;(3)供应商在服务的小规模试验与增量生产阶段参与服务创新;(4)本公司与供应商共同决定服务创新的关键问题;(5)本公司与供应商进行不同部门的定期会晤;(6)本公司能与供应商企业中的不同层次员工进行深层次交流;(7)本公司和供应商的合作计划进入关键阶段时,供应商的参与次数会增加。

对于知识共创的测量,借鉴了张千军等设计的量表,并根据知识共创的实际情况以及服务创新的特性进行了调整和修改,从扩展型知识共创和探索型知识共创两个维度进行测量,具体题项包括:(1)本公司和外部参与主体都在不断地思考如何更好地利用现有知识;(2)本公司和外部参与主体经常对现有知识进行整合和改良,以适应当前需要;(3)本公司和外部参与主体经常能在现有知识基础上创造新的知识;(4)本公司和外部参与主体时刻注意关注新领域的信息、技术和知识;(5)本公司和外部参与主体创造出全新的知识;(6)本公司和外部参与主体尝试探索推出全新的、尚无相关开发经验的新服务。

对于环境动态性的测度,主要借鉴王永贵等开发的量表,从市场动态性和竞争强度两个维度对环境动态性进行测量,具体题项包括:(1)本公司所在行业竞争是恶性竞争;(2)本公司所处行业经常发生"促销战"或"价格战";(3)本公司的产品和服务总是受到竞争对手的快速模仿;(4)本公司所在行业几乎每天都能听说新的竞争行动;(5)顾客偏好变化速度很快;(6)顾客倾向于寻求新的产品和服务;(7)本公司的新顾客对产品相关需求与原有顾客明显不同;(8)新顾客的出现来源于公司产品和服务的改善。

3. 交互维变量题项

对于顾企互动的测量,主要借鉴张克英等、严等(Yen et al.)开发的有关顾企互动的量表,结合制造业服务创新的特点,从信息分享、顾客接触、合作行为三个维度对顾企互动进行测量,具体题项包括:(1)顾客积极让本公司了解他们的需求和偏好;(2)顾客积极给反馈,让本公司了解他们对新服务的感受;(3)本公司与顾客之间有信息共享平台;(4)本公司通过多种方式与顾客交流信息;(5)顾客全程参与了新服务的开发过程;(6)本公司与顾客互动的强度较高;(7)本公司员工与顾客接触的时间较长;(8)本公司与顾客都具有积极的合作态度;(9)顾客愿意额外付出自己的资源(时间、精力、情感等)协助本公司;(10)本公司将顾客视为本公司的内部员工,使顾客和员工共同创造服务产出;(11)本公司对参与到服务中的顾客进行指导。

对于组织间控制的测量,主要借鉴冯华和李君翊、威茨和盖斯肯(Wuyts and Geyskens)、查希尔等(Zaheer et al.)开发的有关组织间控制的量表,结合制造企业服务创新的特点,从信任控制、契约控制以及合作关系三个维度对组织间控制进行测量,具体题项包括:(1)员工对企业是信赖的;(2)员工对企业能力非常有信心;(3)企业员工非常守信;(4)本公司与合作方彼此认为对方是正直的、真诚的;(5)本公司与合作方彼此关心对方的利益,不会利用对方弱点;(6)本公司与合作方彼此是值得信赖的,未来有能力履行承诺;(7)本公司与合作方在技术、管理、盈利能力方面具备实力;(8)本公司与合作方具备完整的合同;(9)契约是约束本公司与合作方行为最有力的工具;(10)本公司与合作方共同规定了考核指标,以此来检查工作;(11)本公司与合作方有详细合作规则并体现在合同中;(12)本公司与合作方对项目的合作都具有较高的诚意;(13)本公司与合作方曾经有过合作经历;(14)本公司与合作方定期商讨合作计划与战略目标;(15)本公司与合作方经常进行协调与沟通,能实现信息的及时、广泛共享。

对于关系资本的测量,主要借鉴凯尔等(Kale et al.)、包凤耐和彭正银的量表,从利益相关者之间的信息交流以及合作远景两个维度对关系资本进行测量,具体题项包括:(1)我们依赖利益相关者不会泄露我们的机密;(2)我们与利益相关者间能无保留地分享各种信息;(3)我们依赖利益相关者所提供信息的准确性;(4)我们与利益相关者都希望合作关系能继续维持下去;(5)我们与利益相关者都承诺遵守互惠互利的合作关系;(6)我们与利益相关者都承诺努力完成合作目标。

4. 结果变量题项

本书通过对收集得到的文献进行分析，认为服务创新的测量视角可分为结果和过程两大类。其中，结果视角关注企业服务创新的已完成状态，是对企业拥有服务创新资源的描述，对象往往是已经成功实现服务创新的企业；而过程视角关注企业服务创新正在进行的行为，测量服务创新的难度较大，不适用于问卷调查的实证分析。因此最终本书从结果视角对服务创新进行测量。对于服务创新绩效的测量，主要借鉴斯多里和凯利（Storey and Kelly）以及孙颖等的服务创新绩效量表，最终从财务绩效和非财务绩效两个维度进行衡量，具体题项包括：（1）企业进行的服务创新为企业带来更多的利润；（2）企业进行的服务创新提高了企业的投资回报率；（3）企业进行的服务创新使企业销售额大幅上升；（4）企业进行的服务创新提高了企业的市场占有率；（5）企业进行的服务创新提高了企业的顾客满意度；（6）企业进行的服务创新为企业带来了更多的新顾客；（7）企业进行的服务创新提升了企业的发展潜力。

5. 控制变量

制造企业服务创新绩效受诸多变量的共同影响，除需考虑一线员工参与、知识整合、组织创新氛围、战略柔性、组织合法性、顾客参与、供应商参与、知识共创、环境动态性、顾企互动、组织间控制、关系资本外，还需考虑其他一些变量，其已被证明会对制造企业服务创新绩效的影响。本书根据被调查企业的状况以及学术界的主流观点，最终将企业性质作为本研究制造企业服务创新影响因素模型的控制变量。陈丽娴和沈鸿通过实证研究发现，相比于国有企业以及外资企业，民营企业实施服务创新活动可对企业绩效产生更为显著的影响。本书按照资金的组成结构可将企业性质分为：国有及国有控股企业、集体（合作）企业、私（民）营企业、合资企业、外资企业。

6. 数据收集

本书是基于制造企业转型升级的背景，探究供应链视角下服务转型制造企业的服务创新影响因素，因此研究对象是在服务转型过程中进行服务创新活动的制造企业。为此，在初步确定研究对象之后，筛选出符合条件的制造企业，并通过借助于在调研企业工作的校友与本校 MBA 学员等进行数据收集，问卷的发放主要以纸质版和电子版的形式进行。回收问卷 182 份，剔除无效问卷 26份，收集到有效问卷 156 份，符合进行问卷分析的标准。

4.2　描述性统计

1. 被调查者描述性统计

针对服务转型制造企业中参与服务创新活动的工作人员进行问卷调查，最终我们将填写问卷的人员按职位分为企业高层管理者、中层管理者、基层管理者以及普通工作人员四个层次（如表 4.1 所示），其中高层管理者占比为 26.9%，中层管理者占比为 15.4%，基层管理者占比为 30.8%，普通工作人员占比为 26.9%。

表 4.1　　　　　　　　被调查者职位情况（N=156）

被调查人员职位	样本数量（人）	百分比（%）	累计百分比（%）
高层管理者	42	26.9	26.9
中层管理者	24	15.4	42.3
基层管理者	48	30.8	73.1
普通工作人员	42	26.9	100.0

研究对被调查者的学历进行了分析，主要分为高中以下、大专、本科、硕士及以上四个学历层次，其中高中以下以及大专学历占比均为 0，本科学历占比为 38.5%，硕士及以上学历占比为 61.5%。由此可见，填写本问卷的人员学历较高，对本问卷的理解更加深刻、细致，使得本书收集到的数据更加可信、有效。

2. 被调查企业描述性统计

对进行服务创新的服务转型制造企业进行问卷调查，按照企业性质，我们将被调查企业分为国有企业、集体所有制企业、私营/民营企业、合资企业、外资企业（如表 4.2 所示）。其中国有企业占比为 28.2%，集体所有制企业占比为 5.1%、私营/民营企业占比为 23.1%、合资企业占比为 5.1%、外资企业占比为 38.5%。集体所有制企业与合资企业由于其性质的特殊性占比较少，国有企业与外资企业占比较多。

表 4.2 被调查企业性质情况

被调查企业性质	样本数量（家）	百分比（%）	累计百分比（%）
国有企业	44	28.2	28.2
集体所有制企业	8	5.1	33.3
私营/民营企业	36	23.1	56.4
合资企业	8	5.1	61.5
外资企业	60	38.5	100.0

3. 变量描述性统计

本书利用数据的峰度、偏度等指标来检验数据的分布特点。运用 SPSS 25.0 对内部维、外部维、交互维的各题项的均值、标准差、偏度、峰度进行统计分析，结果见表 4.3～表 4.5。从表中可以看出，本书所有题项的偏度的统计值都小于 3，峰度的统计值都小于 10。因此，可以认为收集的样本服从正态分布。

表 4.3 内部维变量描述性统计

内部维题项	样本量	均值	标准差	偏度		峰度	
				统计	标准误	统计	标准误
A1	156	3.885	0.819	−1.212	0.194	2.710	0.386
A2	156	3.628	0.821	−0.632	0.194	0.558	0.386
A3	156	3.564	0.874	−1.022	0.194	1.284	0.386
A4	156	3.141	1.000	−0.131	0.194	−0.435	0.386
A5	156	3.192	1.029	−0.107	0.194	−0.747	0.386
B1	156	3.654	0.920	−0.664	0.194	0.004	0.386
B2	156	3.538	0.875	−0.353	0.194	−0.063	0.386
B3	156	3.474	0.861	−0.473	0.194	−0.099	0.386
B4	156	3.244	1.006	−0.352	0.194	−0.416	0.386
B5	156	3.359	1.028	−0.119	0.194	−0.690	0.386
B6	156	3.500	0.974	−0.637	0.194	0.101	0.386
C1	156	3.385	1.006	−0.295	0.194	−0.939	0.386
C2	156	3.205	1.058	−0.023	0.194	−1.027	0.386

内部维题项	样本量	均值	标准差	偏度		峰度	
				统计	标准误	统计	标准误
C3	156	3.628	1.030	−0.853	0.194	0.103	0.386
C4	156	3.962	0.708	−1.269	0.194	3.832	0.386
C5	156	3.436	1.036	−0.391	0.194	−0.424	0.386
C6	156	3.744	0.915	−0.696	0.194	0.200	0.386
C7	156	3.167	1.196	−0.235	0.194	−1.046	0.386
C8	156	3.077	1.167	−0.003	0.194	−1.017	0.386
C9	156	3.295	1.148	−0.340	0.194	−0.888	0.386
C10	156	3.103	1.219	−0.069	0.194	−0.991	0.386
D1	156	3.090	0.925	−0.279	0.194	−0.684	0.386
D2	156	3.128	0.982	−0.261	0.194	−0.544	0.386
D3	156	2.872	0.900	0.149	0.194	−0.560	0.386
D4	156	2.667	0.830	0.280	0.194	−0.176	0.386
D5	156	2.641	1.124	0.249	0.194	−0.961	0.386
D6	156	3.090	0.993	−0.022	0.194	−0.713	0.386
E1	156	3.564	0.674	−0.749	0.194	0.098	0.386
E2	156	3.564	0.654	−0.380	0.194	−0.048	0.386
E3	156	3.513	0.749	−0.231	0.194	−0.281	0.386
E4	156	3.667	0.656	−0.638	0.194	0.453	0.386
E5	156	3.833	0.743	−0.866	0.194	2.019	0.386
E6	156	3.654	0.892	−0.916	0.194	1.364	0.386
Y1	156	3.808	0.881	−0.646	0.194	0.409	0.386
Y2	156	3.744	0.901	−0.542	0.194	0.115	0.386
Y3	156	3.590	0.983	−0.502	0.194	−0.151	0.386
Y4	156	3.692	0.899	−0.431	0.194	−0.012	0.386
Y5	156	3.795	0.900	−0.875	0.194	1.079	0.386
Y6	156	3.718	0.976	−1.010	0.194	1.191	0.386
Y7	156	3.795	1.008	−1.109	0.194	1.188	0.386

表 4.4 外部维变量描述性统计

外部维题项	样本数量	均值	标准差	偏度		峰度	
				统计	标准误	统计	标准误
A1	156	3.33	0.830	−0.417	0.194	−0.290	0.386
A2	156	3.21	0.855	−0.283	0.194	−0.137	0.386
A3	156	3.59	0.778	−0.304	0.194	−0.253	0.386
A4	156	3.64	0.819	−0.106	0.194	−0.487	0.386
A5	156	3.67	0.782	−0.158	0.194	−0.334	0.386
A6	156	3.24	0.883	−0.271	0.194	0.325	0.386
A7	156	3.37	0.924	−0.511	0.194	−0.294	0.386
A8	156	3.62	0.838	−0.637	0.194	0.411	0.386
A9	156	3.69	0.839	−0.957	0.194	0.856	0.386
A10	156	3.35	1.039	−0.106	0.194	−0.753	0.386
A11	156	3.63	1.030	−0.566	0.194	−0.330	0.386
B1	156	3.18	0.861	0.135	0.194	−0.230	0.386
B2	156	3.24	0.953	0.128	0.194	−1.018	0.386
B3	156	3.32	0.902	0.069	0.194	−0.817	0.386
B4	156	3.23	0.922	−0.176	0.194	0.034	0.386
B5	156	3.38	0.926	−0.348	0.194	−0.619	0.386
B6	156	3.09	0.911	−0.594	0.194	−0.216	0.386
B7	156	3.51	0.919	−0.795	0.194	0.590	0.386
C1	156	3.62	0.912	−1.123	0.194	1.144	0.386
C2	156	3.55	0.814	−0.459	0.194	−0.366	0.386
C3	156	3.51	0.846	−0.688	0.194	0.093	0.386
C4	156	3.65	0.832	−0.773	0.194	0.640	0.386
C5	156	3.40	0.885	−0.080	0.194	−0.777	0.386
C6	156	3.36	0.850	−0.381	0.194	−0.303	0.386
D1	156	2.83	1.059	0.471	0.194	−0.677	0.386
D2	156	3.01	1.107	0.148	0.194	−1.040	0.386
D3	156	3.28	1.123	−0.300	0.194	−0.755	0.386
D4	156	3.19	1.029	−0.251	0.194	−0.923	0.386

外部 维题项	样本数量	均值	标准差	偏度		峰度	
				统计	标准误	统计	标准误
D5	156	3.03	1.158	0.151	0.194	−1.048	0.386
D6	156	3.26	1.129	−0.303	0.194	−0.860	0.386
D7	156	3.05	1.112	−0.216	0.194	−0.924	0.386
D8	156	3.35	1.076	−0.350	0.194	−0.578	0.386
Y1	156	3.81	0.881	−0.646	0.194	0.409	0.386
Y2	156	3.74	0.901	−0.542	0.194	0.115	0.386
Y3	156	3.59	0.983	−0.502	0.194	−0.151	0.386
Y4	156	3.69	0.899	−0.431	0.194	−0.012	0.386
Y5	156	3.79	0.900	−0.875	0.194	1.079	0.386
Y6	156	3.72	0.976	−1.010	0.194	1.191	0.386
Y7	156	3.79	1.008	−1.109	0.194	1.188	0.386

表 4.5　　　　　　　　　　　　　交互维变量描述性统计

交互 维题项	样本量	均值	标准差	偏度		峰度	
				统计	标准误	统计	标准误
A1	156	3.62	0.757	−0.670	0.194	1.040	0.386
A2	156	3.50	0.846	−0.776	0.194	0.678	0.386
A3	156	3.14	0.974	−0.117	0.194	−0.567	0.386
A4	156	3.72	0.802	−0.967	0.194	1.254	0.386
A5	156	2.77	1.040	0.198	0.194	−0.805	0.386
A6	156	3.29	0.924	−0.324	0.194	−0.396	0.386
A7	156	3.41	0.901	−0.479	0.194	0.003	0.386
A8	156	3.56	0.931	−0.675	0.194	0.188	0.386
A9	156	3.12	0.977	−0.319	0.194	−0.297	0.386
A10	156	2.88	0.990	−0.412	0.194	−0.926	0.386
A11	156	3.36	0.964	−0.600	0.194	−0.257	0.386
B1	156	3.58	0.843	−0.507	0.194	0.240	0.386

交互维题项	样本量	均值	标准差	偏度		峰度	
				统计	标准误	统计	标准误
B2	156	3.54	0.946	−0.714	0.194	0.428	0.386
B3	156	3.74	0.690	−0.570	0.194	0.522	0.386
B4	156	3.76	0.838	−1.516	0.194	3.072	0.386
B5	156	3.67	0.765	−0.753	0.194	1.192	0.386
B6	156	3.87	0.650	−0.727	0.194	1.376	0.386
B7	156	3.78	0.712	−0.742	0.194	0.789	0.386
B8	156	4.10	0.711	−0.805	0.194	1.276	0.386
B9	156	4.04	0.778	−0.567	0.194	0.083	0.386
B10	156	3.83	0.929	−1.228	0.194	1.840	0.386
B11	156	3.92	0.847	−1.016	0.194	1.421	0.386
B12	156	3.95	0.717	−0.351	0.194	0.062	0.386
B13	156	3.97	0.681	−0.217	0.194	−0.109	0.386
B14	156	3.60	0.899	−0.097	0.194	−0.740	0.386
B15	156	3.65	0.906	−0.416	0.194	−0.089	0.386
C1	156	3.47	0.987	−0.418	0.194	−0.039	0.386
C2	156	2.92	0.987	0.074	0.194	−0.475	0.386
C3	156	3.56	0.746	−0.788	0.194	1.013	0.386
C4	156	3.77	0.641	−0.943	0.194	1.395	0.386
C5	156	3.77	0.661	−0.798	0.194	1.070	0.386
C6	156	3.76	0.774	−1.073	0.194	1.781	0.386
Y1	156	3.81	0.881	−0.646	0.194	0.409	0.386
Y2	156	3.74	0.901	−0.542	0.194	0.115	0.386
Y3	156	3.59	0.983	−0.502	0.194	−0.151	0.386
Y4	156	3.69	0.899	−0.431	0.194	−0.012	0.386
Y5	156	3.79	0.900	−0.875	0.194	1.079	0.386
Y6	156	3.72	0.976	−1.010	0.194	1.191	0.386
Y7	156	3.79	1.008	−1.109	0.194	1.188	0.386

4.3　信度与效度检验

4.3.1　信度分析

信度分析（reliability analysis）又称可靠性分析，是为了确保问卷的可靠性与稳定性而对问卷数据进行的分析，具体来说就是分析一组问题（即一组题项）是否测量同一个概念，即这些问题（题项）的内部一致性如何，是否能稳定地测量这个概念，内部一致性越高，内容的可信度越高；内部一致性越低，内容的可信度越低。最常用的信度检测方法是 Cronbach's α 系数[①]。本书采用 Cronbach's α 系数和题项总相关（校正后分项数据与总数据之间相关性，以下简称 CITC）值来测量问卷变量的内部一致性，Cronbach's α 系数越大越好，不同研究者对 Cronbach's α 系数的界限值有不同的看法，一般认为 0.60~0.65 为不可信；0.65~0.70 为最小可接受值；0.70~0.80 为相当好；0.80~0.90 为非常好。对于 CITC 值，一般要求大于 0.5，而对于 CITC 值小于 0.5 的题项就要被删除。根据以上分析，本书利用 SPSS 25.0 软件分别对内部维、外部维、交互维的诸多变量以及服务创新绩效进行了信度分析，具体如表 4.6 所示。

表 4.6　　　　　　　　　　内部维变量的信度分析

内部维变量	题项	CITC	删除该项后的 Cronbach's α	Cronbach's α
一线员工参与	1	0.415	0.688	0.714
	2	0.501	0.657	
	3	0.576	0.625	
	4	0.626	0.595	
	5	0.286	0.749	

[①]　Cronbach's α 系数是一个统计量，是指量表所有可能的项目划分方法得到的折半信度系数的平均值，是最常用的信度测量方法。

内部维变量	题项	CITC	删除该项后的 Cronbach's α	Cronbach's α
知识整合	1	0.533	0.882	0.878
	2	0.745	0.849	
	3	0.751	0.848	
	4	0.726	0.851	
	5	0.669	0.861	
	6	0.708	0.854	
组织创新氛围	1	0.071	0.860	0.836
	2	0.161	0.855	
	3	0.542	0.820	
	4	0.588	0.821	
	5	0.685	0.806	
	6	0.635	0.813	
	7	0.640	0.809	
	8	0.733	0.799	
	9	0.648	0.809	
	10	0.669	0.806	
战略柔性	1	0.679	0.726	0.790
	2	0.663	0.728	
	3	0.579	0.750	
	4	0.461	0.776	
	5	0.428	0.792	
	6	0.481	0.773	
组织合法性	1	0.557	0.791	0.815
	2	0.622	0.778	
	3	0.725	0.752	
	4	0.633	0.776	
	5	0.499	0.803	
	6	0.487	0.814	

由表 4.6 可知，内部维诸多变量的 Cronbach's α 均大于 0.7，但对于变量一线员工参与、组织创新氛围、战略柔性以及组织合法性的部分题项的 CITC $<$ 0.5，因此需要对部分题项进行删除。本书首先删除 CITC 值最小的题项，然后对其做信度分析，再次寻找 CITC $<$ 0.5 的题项，并对 CITC 最小的题项进行删除，然后再做信度分析，直至所有变量的所有题项均大于 0.5。最终本书删除了一线员工参与中的第一、第五个题项，组织创新氛围中的第一、第二、第三个题项，战略柔性的第五、第六个题项，组织合法性中的第五、第六个题项；使得所有题项的 CITC $>$ 0.5，且 Cronbach's α $>$ 0.7，如表 4.7 所示。

表 4.7　　　　　　　　内部维变量的信度分析（修正之后）

内部维变量	题项	CITC	删除该项后的 Cronbach's α	Cronbach's α
一线员工参与	2	0.537	0.662	0.729
	3	0.510	0.689	
	4	0.621	0.554	
知识整合	1	0.533	0.882	0.878
	2	0.745	0.849	
	3	0.751	0.848	
	4	0.726	0.851	
	5	0.669	0.861	
	6	0.708	0.854	
组织创新氛围	4	0.580	0.900	0.900
	5	0.678	0.888	
	6	0.657	0.890	
	7	0.747	0.880	
	8	0.788	0.875	
	9	0.760	0.878	
	10	0.761	0.879	

续表

内部维变量	题项	CITC	删除该项后的 Cronbach's α	Cronbach's α
战略柔性	1	0.719	0.708	0.806
	2	0.681	0.727	
	3	0.585	0.774	
	4	0.511	0.806	
组织合法性	1	0.641	0.821	0.845
	2	0.700	0.797	
	3	0.758	0.769	
	4	0.634	0.823	

由表 4.8 可知，外部维诸多变量的 Cronbach's α ＞ 0.8，但对于顾客参与的部分题项的 CITC 值 ＜ 0.5，因此需要对部分题项进行删除。按照内部维变量题项的删除办法，最终本书删除了顾客参与的第一、第二、第三、第四、第五、第七共六个题项，使得所有题项的 CITC ＞ 0.5，且 Cronbach's α ＞ 0.8，如表 4.9 所示。

表 4.8　　　　　　　　　　外部维变量的信度分析

外部维变量	题项	CITC	删除该项后的 Cronbach's α	Cronbach's α
顾客参与	1	0.472	0.854	0.860
	2	0.539	0.849	
	3	0.526	0.850	
	4	0.362	0.861	
	5	0.532	0.850	
	6	0.549	0.848	
	7	0.451	0.856	
	8	0.718	0.836	
	9	0.629	0.843	
	10	0.652	0.840	
	11	0.653	0.840	

外部维变量	题项	CITC	删除该项后的 Cronbach's α	Cronbach's α
供应商参与	1	0.718	0.859	0.882
	2	0.717	0.858	
	3	0.734	0.856	
	4	0.597	0.874	
	5	0.711	0.859	
	6	0.600	0.873	
	7	0.607	0.872	
知识共创	1	0.626	0.882	0.888
	2	0.753	0.861	
	3	0.742	0.863	
	4	0.670	0.874	
	5	0.720	0.866	
	6	0.722	0.866	
环境动态性	1	0.559	0.840	0.853
	2	0.637	0.830	
	3	0.507	0.846	
	4	0.606	0.834	
	5	0.665	0.827	
	6	0.621	0.832	
	7	0.616	0.833	
	8	0.536	0.842	

表 4.9　　　　　　　　　外部维变量的信度分析（修改）

外部维变量	题项	CITC	删除该项后的 Cronbach's α	Cronbach's α
顾客参与	6	0.604	0.868	0.873
	8	0.788	0.828	
	9	0.738	0.839	
	10	0.710	0.845	
	11	0.693	0.849	

外部维变量	题项	CITC	删除该项后的 Cronbach's α	Cronbach's α
供应商参与	1	0.718	0.859	0.882
	2	0.717	0.858	
	3	0.734	0.856	
	4	0.597	0.874	
	5	0.711	0.859	
	6	0.600	0.873	
	7	0.607	0.872	
知识共创	1	0.626	0.882	0.888
	2	0.753	0.861	
	3	0.742	0.863	
	4	0.670	0.874	
	5	0.720	0.866	
	6	0.722	0.866	
环境动态性	1	0.559	0.840	0.853
	2	0.637	0.830	
	3	0.507	0.846	
	4	0.606	0.834	
	5	0.665	0.827	
	6	0.621	0.832	
	7	0.616	0.833	
	8	0.536	0.842	

由表 4.10 可知，交互维诸多变量的 Cronbach's α ＞0.8，但对于关系资本的部分题项的 CITC 值＜0.5，因此需要对部分题项进行删除。按照内部维变量不合格题项的删除办法，最终本书删除了关系资本的第二个题项，使得所有题项的 CITC ＞0.5，且 Cronbach's α ＞0.8，如表 4.11 所示。

表 4.10　　　　　　　　　　交互维变量的信度分析

交互维变量	题项	CITC	删除该项后的 Cronbach's α	Cronbach's α
顾企互动	1	0.532	0.873	0.879
	2	0.609	0.868	
	3	0.578	0.870	
	4	0.523	0.873	
	5	0.589	0.869	
	6	0.702	0.861	
	7	0.628	0.866	
	8	0.655	0.864	
	9	0.640	0.865	
	10	0.501	0.875	
	11	0.543	0.872	
组织间控制	1	0.563	0.900	0.905
	2	0.520	0.902	
	3	0.598	0.899	
	4	0.590	0.899	
	5	0.561	0.900	
	6	0.567	0.900	
	7	0.612	0.898	
	8	0.723	0.895	
	9	0.604	0.898	
	10	0.614	0.898	
	11	0.657	0.896	
	12	0.648	0.897	
	13	0.541	0.901	
	14	0.583	0.899	
	15	0.573	0.900	

续表

交互维变量	题项	CITC	删除该项后的 Cronbach's α	Cronbach's α
关系资本	1	0.565	0.784	0.809
	2	0.483	0.806	
	3	0.661	0.760	
	4	0.627	0.772	
	5	0.631	0.770	
	6	0.548	0.783	

表 4.11　　　　　　　交互维变量的信度分析（修改）

交互维变量	题项	CITC	删除该项后的 Cronbach's α	Cronbach's α
顾企互动	1	0.532	0.873	0.879
	2	0.609	0.868	
	3	0.578	0.870	
	4	0.523	0.873	
	5	0.589	0.869	
	6	0.702	0.861	
	7	0.628	0.866	
	8	0.655	0.864	
	9	0.640	0.865	
	10	0.501	0.875	
	11	0.543	0.872	

续表

交互维变量	题项	CITC	删除该项后的 Cronbach's α	Cronbach's α
组织间控制	1	0.563	0.900	0.905
	2	0.520	0.902	
	3	0.598	0.899	
	4	0.590	0.899	
	5	0.561	0.900	
	6	0.567	0.900	
	7	0.612	0.898	
	8	0.723	0.895	
	9	0.604	0.898	
	10	0.614	0.898	
	11	0.657	0.896	
	12	0.648	0.897	
	13	0.541	0.901	
	14	0.583	0.899	
	15	0.573	0.900	
关系资本	1	0.509	0.784	0.806
	3	0.612	0.760	
	4	0.635	0.772	
	5	0.655	0.770	
	6	0.625	0.783	

由表 4.12 可知，服务创新绩效的 Cronbach's α > 0.8，且所有题项的 CITC > 0.5，符合信度有效的所有要求。

表 4.12　　　　　　　　　　　服务创新绩效的信度分析

变量	题项	CITC	删除该项后的 Cronbach's α	Cronbach's α
服务创新绩效	1	0.873	0.958	0.964
	2	0.889	0.957	
	3	0.840	0.960	
	4	0.893	0.956	
	5	0.850	0.959	
	6	0.875	0.958	
	7	0.885	0.957	

4.3.2　效度分析

效度分析是对问卷中的所有题项能否很好地反映所测量的内容特征进行检验，效度越高，那么通过该问卷分析出来的结果更有效。本书运用 SPSS 25.0 对每个变量的所有题项进行因子分析，并且从因子载荷值、提取载荷平方和后的累计贡献度、KMO 值[①] 以及巴特利特球形度检验显著性四个指标来检验问卷的效度。当问卷中所有变量的题项的因子载荷值大于 0.4，提取载荷平方和后的累计贡献大于 40%，KMO 值大于 0.5，巴特利特球形度检验显著性较强，则认为该问卷的效度很强，通过分析可以得出有效的结果。

由表 4.13 可知，内部维各变量的题项的因子载荷值大于 0.6，提取载荷平方和后的累计贡献度大于 60%，KMO 值大于 0.6，巴特利特球形度检验的显著性 p < 0.001，满足效度检验的所有要求，因此内部维各变量具有很强的效度，可进行后续的相关分析以及回归分析。

---

① KMO 值：当所有变量间的简单相关系数平方和远远大于偏相关系数平方和时，KMO 值越接近于 1，意味着变量间的相关性越强，原有变量越适合做因子分析；当所有变量间的简单相关系数平方和接近 0 时，KMO 值越接近于 0，意味着变量间的相关性越弱，原有变量越不适合做因子分析。

表 4.13　　　　　　　　　　内部维各变量效度分析

变量	题项	因子载荷值	初始特征值			提取载荷平方和			KMO值	巴特利特球形度检验显著性
			特征值	贡献度	累计贡献度	特征值	贡献度	累计贡献度		
一线员工参与	2	0.793	1.949	64.970	64.970	1.949	64.970	64.970	0.660	0.000
	3	0.770	0.618	20.597	85.568					
	4	0.853	0.433	14.432	100.000					
知识整合	1	0.655	3.774	62.899	62.899	3.774	62.899	62.899	0.862	0.000
	2	0.840	0.705	11.752	74.652					
	3	0.846	0.532	8.872	83.523					
	4	0.821	0.418	6.962	90.485					
	5	0.776	0.345	5.752	96.237					
	6	0.805	0.226	3.763	100.000					
组织创新氛围	4	0.683	4.403	62.900	62.900	4.403	62.900	62.900	0.847	0.000
	5	0.780	0.983	14.038	76.938					
	6	0.758	0.549	7.839	84.777					
	7	0.821	0.393	5.609	90.385					
	8	0.847	0.264	3.778	94.163					
	9	0.825	0.242	3.454	97.617					
	10	0.826	0.167	2.383	100.000					
战略柔性	1	0.864	2.533	63.321	63.321	2.533	63.321	63.321	0.712	0.000
	2	0.844	0.745	18.618	81.940					
	3	0.765	0.492	12.305	94.244					
	4	0.699	0.230	5.756	100.000					
组织合法性	1	0.797	2.735	68.369	68.369	2.735	68.369	68.369	0.793	0.000
	2	0.839	0.510	12.762	81.132					
	3	0.879	0.473	11.836	92.967					
	4	0.790	0.281	7.033	100.000					

由表 4.14 可知，外部维各变量的题项的因子载荷值大于 0.6，提取载荷平方和后的累计贡献度基本大于 50%，KMO 值大于 0.7，巴特利特球形度检验的显著性 $p < 0.001$，满足效度检验的所有要求，因此外部维各变量具有很强的效度，可进行后续的相关分析以及回归分析。

表 4.14 外部维各变量效度分析

变量	题项	因子载荷值	初始特征值			提取载荷平方和			KMO 值	巴特利特球形度检验显著性
			特征值	贡献度	累计贡献度	特征值	贡献度	累计贡献度		
顾客参与	6	0.740	3.360	67.205	67.205	3.360	67.205	67.205	0.839	0.000
	8	0.881	0.601	12.013	79.218					
	9	0.846	0.445	8.907	88.125					
	10	0.820	0.359	7.188	95.313					
	11	0.805	0.234	4.687	100.000					
供应商参与	1	0.814	4.117	58.817	58.817	4.117	58.817	58.817	0.849	0.000
	2	0.817	1.081	15.440	74.258					
	3	0.826	0.617	8.813	83.070					
	4	0.705	0.370	5.284	88.355					
	5	0.792	0.358	5.112	93.467					
	6	0.696	0.267	3.819	97.285					
	7	0.703	0.190	2.715	100.000					
知识共创	1	0.739	3.868	64.460	64.460	3.868	64.460	64.460	0.763	0.000
	2	0.837	0.780	13.003	77.463					
	3	0.834	0.525	8.749	86.212					
	4	0.776	0.408	6.801	93.013					
	5	0.816	0.277	4.614	97.627					
	6	0.810	0.142	2.373	100.000					

续表

变量	题项	因子载荷值	初始特征值			提取载荷平方和			KMO 值	巴特利特球形度检验显著性
			特征值	贡献度	累计贡献度	特征值	贡献度	累计贡献度		
环境动态性	1	0.667	3.957	49.469	49.469	3.957	49.469	49.469	0.792	0.000
	2	0.737	1.597	19.959	69.427					
	3	0.621	0.635	7.935	77.363					
	4	0.709	0.582	7.279	84.642					
	5	0.769	0.437	5.463	90.105					
	6	0.733	0.361	4.512	94.617					
	7	0.726	0.263	3.283	97.900					
	8	0.650	0.168	2.100	100.000					

由表 4.15 可知,交互维各变量的题项的因子载荷值大于 0.6,提取载荷平方和后的累计贡献度基本大于 40%,KMO 值大于 0.7,巴特利特球形度检验的显著性 $p < 0.001$,满足效度检验的所有要求,因此外部维各变量具有很强的效度,可进行后续的相关分析以及回归分析。

表 4.15　　　　　　　　　　　　交互维各变量效度分析

变量	题项	因子载荷值	初始特征值			提取载荷平方和			KMO 值	巴特利特球形度检验显著性
			特征值	贡献度	累计贡献度	特征值	贡献度	累计贡献度		
顾企互动	1	0.623	5.041	45.827	45.827	5.041	45.827	45.827	0.838	0.000
	2	0.692	1.300	11.817	57.644					
	3	0.666	1.066	9.691	67.335					
	4	0.619	0.855	7.771	75.106					
	5	0.666	0.599	5.446	80.553					
	6	0.775	0.524	4.766	85.319					
	7	0.715	0.449	4.086	89.404					
	8	0.737	0.406	3.693	93.098					
	9	0.715	0.314	2.858	95.956					
	10	0.581	0.263	2.387	98.343					
	11	0.633	0.182	1.657	100.000					

续表

变量	题项	因子载荷值	初始特征值			提取载荷平方和			KMO 值	巴特利特球形度检验显著性
			特征值	贡献度	累计贡献度	特征值	贡献度	累计贡献度		
组织间控制	1	0.602	6.582	43.878	43.878	6.582	43.878	43.878	0.797	0.000
	2	0.563	2.087	13.911	57.789					
	3	0.657	1.334	8.892	66.681					
	4	0.634	1.071	7.142	73.823					
	5	0.622	0.745	4.966	78.788					
	6	0.644	0.623	4.152	82.940					
	7	0.673	0.589	3.927	86.867					
	8	0.789	0.421	2.810	89.677					
	9	0.687	0.321	2.137	91.814					
	10	0.687	0.291	1.942	93.756					
	11	0.733	0.259	1.724	95.480					
	12	0.715	0.246	1.638	97.118					
	13	0.621	0.198	1.322	98.440					
	14	0.634	0.146	0.971	99.411					
	15	0.641	0.088	0.589	100.000					
关系资本	1	0.648	2.937	58.735	58.735	2.937	58.735	58.735	0.715	0.000
	3	0.750	0.870	17.408	76.143					
	4	0.818	0.641	12.811	88.953					
	5	0.831	0.283	5.653	94.607					
	6	0.772	0.270	5.393	100.000					

由表4.16可知，服务创新绩效的题项的因子载荷值大于0.8，提取载荷平方和后的累计贡献度基本大于80%，KMO值大于0.8，巴特利特球形度检验的显著性 p < 0.001，满足效度检验的所有要求，因此外部维各变量具有很强的效度，可进行后续的回归分析。

表 4.16　　　　　　　　　　　服务创新绩效效度分析

变量	题项	因子载荷值	初始特征值			提取载荷平方和			KMO 值	巴特利特球形度检验显著性
			特征值	贡献度	累计贡献度	特征值	贡献度	累计贡献度		
服务创新绩效	1	0.908	5.764	82.336	82.336	5.764	82.336	82.336	0.896	0.000
	2	0.922	0.354	5.051	87.388					
	3	0.883	0.253	3.611	90.999					
	4	0.923	0.240	3.433	94.432					
	5	0.890	0.208	2.970	97.402					
	6	0.909	0.104	1.486	98.888					
	7	0.916	0.078	1.112	100.000					

4.4　回归前初步分析

在进行相关分析以及回归分析之前，需要对处理过的问卷数据进行多重共线性检验、异方差检验、序列相关检验以保证相关分析以及回归分析的准确性。并且相关分析证明了诸多变量之间的相关性，为回归分析解释变量之间的因果关系奠定了一定的基础。

1. 多重共线性检验

多重共线性检验是为了确定诸多解释变量之间是否具有高度相关性，因为这会使得最终的相关分析以及回归分析的结果产生误差。多重共线性的检验主要依据方差膨胀因子（VIF）[①] 指标，若 VIF < 10，则证明变量之间不存在多重共线性问题，可以进行后续的相关分析以及回归分析。本书运用 SPSS 25.0 对内部维、外部维、交互维诸多变量的 VIF 值进行分析，最终结果表明内部维各变量之间的 1 < VIF < 1.9，均符合要求；因此内部维各变量之间不存在多重共线性问题；外部维各变量之间的 1 < VIF < 1.5，均符合要求；因此外部维各变量之间不存在多重共线性问题；交互维各变量之间的 1 < VIF < 1.4，均符合要求；因此交互维各变量之间不存在多重共线性问题。综上所述，内部维、外部

---

① VIF 表示回归系数估计量的方差与假设自变量间不线性相关时方差相比的比值。

维、交互维的各变量之间不存在多重共线性问题，可进行后续的相关分析以及回归分析。

2. 异方差检验

异方差检验是判断被解释变量残差的方差是否因解释变量的变化而变化，其目的是确保最终的相关分析以及回归分析的结果具有一定的统计学意义。本书运用 SPSS 25.0 软件绘制相应的散点图来进行异方差检验，若是散点图是无序状态，则说明其通过检验，可进行后续的相关分析以及回归分析。本书最终得到内部维、外部维、交互维相关的散点图如图 4.1～图 4.3 所示，可见三张散点图均呈现无序状态，因此可进行后续的相关分析以及回归分析。

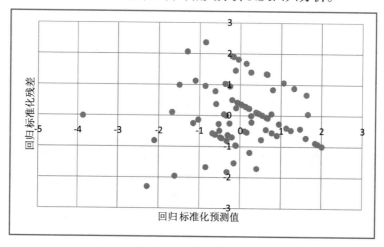

图 4.1　内部维散点图

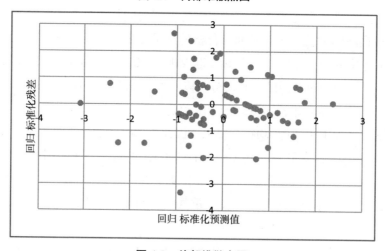

图 4.2　外部维散点图

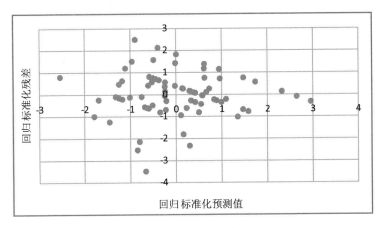

图 4.3　交互维散点图

3. 序列相关检验

序列相关检验是检查回归分析后残差项之间是否存在一定程度的相关性。本书运用 SPSS 25.0 软件获取每次回归模型的 DW 值[①] 来检验是否存在序列相关性检验，若是 $1.5 < DW < 2.5$，则可以认为回归模型不存在序列相关性。最终我们得出内部维、外部维、交互维三个维度所有回归模型的 DW 值。内部维所有回归模型的 DW 值在 1.7~2.1 之间，满足上述要求，说明内部维的变量模型具有统计学意义，可进行统计学分析。外部维所有回归模型的 DW 值在 1.8~2.1 之间，满足上述要求，说明外部维的变量模型具有统计学意义，可进行统计学分析。交互维所有回归模型的 DW 值在 1.7~2.3 之间，满足上述要求，说明交互维的变量模型具有统计学意义，可进行统计学分析。

4. 相关性分析

在进行回归分析之前，需要对相应的变量进行相关分析。本书运用 SPSS 25.0 对内部维、外部维、交互维三个维度的所有变量进行相关分析。针对内部维的相关变量分析如表 4.17 所示，共包含 1 个控制变量：企业性质，以及 6 个主要变量（一线员工参与、知识整合、组织创新氛围、战略柔性、组织合法性、服务创新绩效）。从表 4.17 中可知，控制变量企业性质与组织创新氛围以及战略柔性之间具有显著的正相关关系（ p < 0.01）；但是其与一线员工参与、

①　DW 检验用于检验随机误差项具有一阶自回归形式的序列相关问题，也是就自相关检验。

知识整合、组织合法性以及服务创新绩效的相关关系不显著（p＞0.05）。从表4.17中可知，本书的内部维的解释变量一线员工参与、组织创新氛围、战略柔性、组织合法性与被解释变量服务创新绩效之间存在显著的正相关关系（p＜0.01）；解释变量一线员工参与和中介变量知识整合之间存在显著的正相关关系（p＜0.01）；中介变量知识整合与被解释变量服务创新绩效之间存在显著的正相关关系（p＜0.01）。综上所述，解释变量（一线员工参与、组织创新氛围、战略柔性、组织合法性）与被解释变量（服务创新绩效）之间存在显著的正相关关系；解释变量（一线员工参与）与中介变量（知识整合）之间也存在显著的正相关关系；中介变量（知识整合）与被解释变量（服务创新绩效）之间也存在显著的正相关关系。可见，相关分析的结果与之前提出的假设模型相符合，但是相关分析只能描述诸多变量之间的相关性，而不能对诸多变量中的因果关系进行分析。因此后续将运用多元层次回归分析对内部维的诸多变量之间的因果关系进行分析，明确内部维的诸多变量之间的影响机制。

表 4.17 　　　　　　　　内部维变量相关性分析

内部维变量	1	2	3	4	5	6	7
1. 企业性质	1						
2. 一线员工参与	−0.047	1					
3. 知识整合	0.06	0.384**	1				
4. 组织创新氛围	0.210**	0.363**	0.488**	1			
5. 战略柔性	0.224**	0.320**	0.523**	0.529**	1		
6. 组织合法性	0.051	0.220**	0.341**	0.524**	0.309**	1	
7. 服务创新绩效	0.091	0.464**	0.483**	0.421**	0.417**	0.276**	1

注：* 表示结果在 10% 水平上显著，** 表示结果在 5% 水平上显著，*** 表示结果在 1% 水平上显著。

针对外部维的相关变量分析如表4.18所示，共包含1个控制变量：企业性质，以及5个主要变量（顾客参与、供应商参与、知识共创、环境动态性、服务创新绩效）。从表4.18可知控制变量企业性质与供应商参与以及知识共创之间具有比较显著的相关性（p ＜ 0.05）；但是其与顾客参与、环境动态性以及服务创新绩效的相关性不显著（p ＞ 0.05）。从表 4.18 中可知，本书的外部维的解释变量供应商参与、顾客参与以及环境动态性与被解释变量服务创新绩效之间的相关性较为显著（p ＜ 0.01）；解释变量供应商参与、顾客参与和中介变量知识共创之间的相关性较为显著（p ＜ 0.01）；中介变量知识共创与被解释变量服务创新绩效之间的相关性较为显著（p ＜ 0.01）。综上所述，解释变量（顾客参与、供应商参与、环境动态性）与被解释变量（服务创新绩效）之间存在显著的正相关关系；解释变量（供应商参与、顾客参与）与中介变量（知识共创）之间也存在显著的正相关关系；中介变量（知识共创）与被解释变量（服务创新绩效）之间存在显著的正相关关系。可见，相关分析的结果与之前提出的假设模型相符合，但是相关分析只能描述诸多变量之间的相关性，而不能对诸多变量中的因果关系进行分析。因此后续将运用多元层次回归分析对外部维的诸多变量之间的因果关系进行分析，明确外部维的诸多变量之间的影响机制。

表 4.18　　　　　　　　　　　　外部维变量相关性分析

外部维变量	1	2	3	4	5	6
1. 企业性质	1					
2. 顾客参与	0.147	1				
3. 供应商参与	0.179*	0.472**	1			
4. 知识共创	0.191*	0.434**	0.698**	1		
5. 环境动态性	−0.067	0.403**	0.242**	0.328**	1	
6. 服务创新绩效	0.091	0.510**	0.518**	0.568**	0.333**	1

注：* 表示结果在 10% 水平上显著，** 表示结果在 5% 水平上显著，*** 表示结果在 1% 水平上显著。

针对交互维的相关变量分析如表 4.19 所示，共包含 1 个控制变量：企业性质，以及 4 个主要变量（顾企互动、组织间控制、关系资本、服务创新绩效）。从表 4.19 可知，控制变量企业性质与顾企互动具有较为显著的正相关关系（p ＜ 0.01）；但是其与组织间控制、关系资本以及服务创新绩效之间的相关关系不显著（p＞0.05）。从表4.19中可知，本书的交互维的解释变量顾企互动、组织间控制与被解释变量服务创新绩效之间具有较为显著的正相关关系（p＜0.01）；解释变量顾企互动、组织间控制和中介变量关系资本之间具有较为显著的正相关关系（p＜0.01）；中介变量关系资本与被解释变量服务创新绩效之间具有较为显著的正相关关系（p＜0.01）。综上所述，解释变量（顾企互动、组织间控制）与被解释变量（服务创新绩效）之间存在显著的正相关关系；解释变量（顾企互动、组织间控制）与中介变量（关系资本）之间也存在显著的正相关关系；中介变量（关系资本）与被解释变量（服务创新绩效）之间也存在显著的正相关关系。可见，相关分析的结果与之前提出的假设模型相符合，但是相关分析只能描述诸多变量之间的相关性，而不能对诸多变量中的因果关系进行分析。因此后续将运用多元层次回归分析对交互维的诸多变量之间的因果关系进行分析，明确交互维的诸多变量之间的影响机制。

表 4.19　　　　　　　　　交互维变量相关性分析

交互维变量	1	2	3	4	5
1. 企业性质	1				
2. 顾企互动	0.323**	1			
3. 组织间控制	0.034	0.373**	1		
4. 关系资本	0.140	0.280**	0.563**	1	
5. 服务创新绩效	0.091	0.480**	0.503**	0.252**	1

注：* 表示结果在10%水平上显著，** 表示结果在5%水平上显著，*** 表示结果在1%水平上显著。

4.5　层次回归分析

4.5.1　内部维层次回归分析

1. 被解释变量与解释变量之间的关系检验

为了检验内部维的各个被解释变量与制造企业服务创新绩效的关系，本书以制造企业服务创新绩效为被解释变量，以一线员工参与、组织创新氛围、战略柔性、组织合法性为解释变量，并控制企业性质对上述关系的影响，最终对上述关系进行了层次回归分析。

从表 4.20 可以看出，当仅仅对控制变量企业性质与被解释变量制造企业服务创新绩效作回归分析时（模型 1），企业性质对制造企业服务创新绩效的回归系数为 0.324，但其回归效应不显著（p > 0.05），表明企业性质不会对制造企业服务创新绩效产生显著影响。

表 4.20　　　　内部维被解释变量与解释变量的分层回归分析模型

变量	服务创新绩效					
	模型 1	模型 2	模型 3	模型 4	模型 5	模型 6
控制变量						
企业性质	0.324	0.402	0.010	−0.008	0.274	0.088
解释变量						
一线员工参与		1.281***				0.901***
组织创新氛围			0.422***			0.159
战略柔性				0.855***		0.419**
组织合法性					0.715**	0.148
模型统计量						
R^2	0.008	0.228	0.177	0.174	0.082	0.323
调整 R^2	0.002	0.218	0.167	0.163	0.070	0.300
ΔR^2	0.008	0.220	0.169	0.165	0.074	0.315
F 统计值	1.290	22.654	16.491	16.081	6.856	14.314
DW		2.015	2.072	1.960	1.972	2.091

注：* 表示结果在 10% 水平上显著，** 表示结果在 5% 水平上显著，*** 表示结果在 1% 水平上显著。

在模型 2 中，检验了控制变量企业性质以及解释变量一线员工参与对被解释变量制造企业服务创新绩效的回归效应，结果显示，企业性质对制造企业服务创新绩效的回归系数为 0.402，但其回归效应不显著（p > 0.05），表明在加入解释变量一线员工参与之后，企业性质不会对制造企业服务创新绩效产生显著影响；但一线员工参与对制造企业服务创新绩效的回归系数为 1.281，且其显著性 p ＜ 0.001，因此两者之间具有极为显著的正回归关系。并且在加入一线员工参与后模型 2 的最终结果优于模型 1（ΔR^2=0.220），说明在制造企业实施服务创新的过程中，一线员工的参与会使得最终的创新绩效得到提升，故假设 H3-1 得到验证。

在模型 3 中，对控制变量企业性质以及解释变量组织创新氛围对被解释变量制造企业服务创新绩效进行了回归分析，结果显示，企业性质对制造企业服务创新绩效的回归系数为 0.010，但其回归效应不显著（p ＞ 0.05），表明在加入解释变量组织创新氛围之后，企业性质不会对制造企业服务创新绩效产生显著影响；但组织创新氛围对制造企业服务创新绩效的回归系数为 0.422，且其显著性 p ＜ 0.001，因此两者之间具有极为显著的正回归关系。并且在加入组织创新氛围后模型 3 的最终结果优于模型 1（ΔR^2=0.169），说明在制造企业实施服务创新的过程中，浓厚的组织创新氛围会使得制造企业创新绩效得到提升，故假设 H3-3 得到验证。

在模型 4 中，对控制变量企业性质以及解释变量战略柔性对被解释变量制造企业服务创新绩效进行了回归分析，结果显示，企业性质对制造企业服务创新绩效的回归系数为 –0.008，但其回归效应不显著（p ＞ 0.05），表明在加入解释变量战略柔性之后，企业性质不会对制造企业服务创新绩效产生显著影响；但战略柔性对制造企业服务创新绩效的回归系数为 0.855，且其显著性 p ＜ 0.001，因此两者之间具有极为显著的正回归关系。并且在加入战略柔性后模型 4 的最终结果优于模型 1（ΔR^2=0.165），说明在制造企业实施服务创新的过程中，战略柔性会对制造企业创新绩效产生一定的正向影响，故假设 H3-4 得到验证。

在模型 5 中，对控制变量企业性质以及解释变量组织合法性对被解释变量制造企业服务创新绩效进行了回归分析，结果显示，企业性质对制造企业服务创新绩效的回归系数为 0.274，但其回归效应不显著（p ＞ 0.05），表明在加入解释变量组织合法性之后，企业性质不会对制造企业服务创新绩效产生显著影响；但组织合法性对制造企业服务创新绩效的回归系数为 0.715，且其显著性 p ＜ 0.001，因此两者之间具有极为显著的正回归关系。并且在加入组织合法性后，模型 5 的最终结果优于模型 1（ΔR^2=0.074），说明在制造企业实施服务创新的过程中，组织合法性会对制造企业创新绩效产生一定的正向影响，故假设 H3-5 得到验证。

在模型 6 中，对控制变量企业性质以及解释变量一线员工参与、组织创新氛围、战略柔性、组织合法性对被解释变量制造企业服务创新绩效进行了回归分析，结果显示，企业性质对制造企业服务创新绩效的回归系数为 0.088，但其回归效应不显著（$p > 0.05$），因此在加入解释变量一线员工参与、组织创新氛围、战略柔性、组织合法性之后，企业性质不会对制造企业服务创新绩效产生显著影响；但一线员工参与对制造企业服务创新绩效的回归系数为 0.901，且其显著性 $p < 0.001$，因此两者之间具有极为显著的正回归关系。战略柔性对制造企业服务创新绩效的回归系数为 0.419，且其显著性 $p < 0.01$，因此两者之间具有较为显著的正回归关系。而组织创新氛围以及组织合法性对制造企业服务创新绩效的回归系数分别为 0.159 以及 0.148，其显著性 $p > 0.05$，说明一线员工参与、战略柔性与组织创新氛围、组织合法性具有一定的相关性，因此在一线员工参与以及增强战略柔性的过程中，制造企业应当建立浓厚的组织创新氛围以及完善组织的合法性，来更好地促进一线员工的参与以及增强战略柔性。并且在加入一线员工参与、组织创新氛围、战略柔性、组织合法性后模型 6 的最终结果优于模型 1（$\Delta R^2 = 0.315$），且其 ΔR^2 大于模型 2～模型 5 对模型 1 的 ΔR^2，因此模型 6 证明了内部维中建立解释变量一线员工参与、组织创新氛围、战略柔性、组织合法性与被解释变量制造企业服务创新绩效的模型是合理的。

2. 知识整合的中介作用检验

对知识整合的中介效应的检验能更好地明确一线员工参与对制造企业服务创新绩效的影响机制。对于知识整合中介作用的检验，本书主要分以下三步来进行：第一步，检验一线员工参与和制造企业服务创新绩效之间的回归关系是否显著，若是则实施下一步，否则终止；第二步，检验一线员工参与到知识整合、知识整合到制造企业服务创新绩效之间的回归关系是否显著，若两者均是，则实施下一步，反之需要实施 Sobel 检验；第三步，对一线员工参与、知识整合以及制造企业服务创新绩效进行回归分析，首先看一线员工参与、知识整合和制造企业服务创新绩效的回归系数是否显著，若显著，则看一线员工参与和制造企业服务创新绩效回归系数是否变小，若是，则知识整合起到部分中介作用，反之则起到完全中介的作用；若不显著，亦起到完全中介的作用。

已知一线员工参与和制造企业服务创新绩效之间的回归关系是显著的，因此直接进行第二步，如表 4.21、表 4.22 所示。在表 4.21 中，模型 2 的 R^2 值为 0.154，且相较于模型 1（$\Delta R^2 = 0.15$），F 统计值为 13.873，且显著性 $p < 0.001$，

说明模型 2 优于模型 1；且一线员工参与知识整合的回归系数为 0.797，并且显著性 p ＜ 0.001，表明一线员工参与正向影响知识整合效应。在表 4.22 中，模型 2 的 R^2 值为 0.237，且相较于模型 1（ΔR^2=0.229），F 值为 23.789，且显著性 p ＜ 0.001，说明模型 2 优于模型 1；并且知识整合与服务创新绩效的回归系数为 0.636，并且显著性 p ＜ 0.001，表明知识整合正向影响服务创新绩效。符合上述要求，因此进行第三步，如表 4.23 所示，模型 2 的 R^2 值为 0.154，且相较于模型 1（ΔR^2=0.324），F 值为 25.172，且显著性 p ＜ 0.001，说明模型 2 优于模型 1；且一线员工参与、知识整合与服务创新绩效的回归系数分别为 0.912、0.464，并且显著性 p ＜ 0.001，说明该模型回归效应显著，并且 0.912 ＜ 1.281，回归系数明显变小，因此知识整合在一线员工参与对制造企业服务创新绩效的关系中起到部分中介作用。

表 4.21　　　　　　　　　一线员工参与和知识整合的回归分析

变量	知识整合	
	模型 1	模型 2
控制变量		
企业性质	0.161	0.210
解释变量		
一线员工参与		0.797***
模型统计量		
R^2	0.004	0.154
调整 R^2	−0.003	0.142
ΔR^2	0.004	0.150
F 统计值	0.562	13.873
DW		2.088

　　注：* 表示结果在 10% 水平上显著，** 表示结果在 5% 水平上显著，*** 表示结果在 1% 水平上显著。

表 4.22　　　　　　　知识整合与服务创新的回归分析

变量	服务创新绩效	
	模型 1	模型 2
控制变量		
企业性质	0.324	0.221
中介变量		
知识整合		0.636***
模型统计量		
R^2	0.008	0.237
调整 R^2	0.002	0.227
ΔR^2	0.008	0.229
F 统计值	1.290	23.789
DW		1.747

注：* 表示结果在 10% 水平上显著，** 表示结果在 5% 水平上显著，*** 表示结果在 1% 水平上显著。

表 4.23　　　一线员工参与、知识整合与服务创新绩效的回归分析

变量	服务创新绩效	
	模型 1	模型 2
控制变量		
企业性质	0.324	0.305
解释变量		
一线员工		0.912***
中介变量		
知识整合		0.464***
模型统计量		
R^2	0.008	0.332
调整 R^2	0.002	0.319
ΔR^2	0.008	0.324
F 统计值	1.290	25.172
DW		1.834

注：* 表示结果在 10% 水平上显著，** 表示结果在 5% 水平上显著，*** 表示结果在 1% 水平上显著。

4.5.2 外部维回归分析

1. 被解释变量与解释变量之间的关系检验

为了检验外部维的各个被解释变量与制造企业服务创新绩效的关系，以制造企业服务创新绩效为被解释变量，以顾客参与、供应商参与、环境动态性为解释变量，并控制企业性质对上述关系的影响，最终对上述关系进行层次回归分析（如表 4.24 所示）。

表 4.24　　外部维被解释变量与解释变量的分层回归分析模型

变量	服务创新绩效				
	模型 1	模型 2	模型 3	模型 4	模型 5
控制变量					
企业性质	0.324	0.059	−0.006	0.405	−0.021
解释变量					
顾客参与		0.796^{***}			0.461^{***}
供应商参与			0.629^{***}		0.423^{***}
环境动态性				0.328^{***}	0.125
模型统计量					
R^2	0.008	0.261	0.268	0.124	0.373
调整 R^2	0.002	0.251	0.259	0.112	0.357
ΔR^2	0.008	0.252	0.260	0.116	0.365
F 统计值	1.290	26.953	28.057	10.817	22.501
DW		1.991	1.899	1.974	1.924

注：* 表示结果在 10% 水平上显著，** 表示结果在 5% 水平上显著，*** 表示结果在 1% 水平上显著。

从表 4.24 可以看出，当仅仅对控制变量企业性质与被解释变量制造企业服务创新绩效做回归分析时（模型 1），企业性质对制造企业服务创新绩效的回归系数为 0.324，但其回归效应不显著（$p > 0.05$），表明企业性质不会对制造企业服务创新绩效产生显著影响。

在模型 2 中，检验了控制变量企业性质以及解释变量顾客参与对被解释变量制造企业服务创新绩效的回归效应，结果显示，企业性质对制造企业服务创新绩效的回归系数为 0.059，但其回归效应不显著（p ＞ 0.05），表明在加入解释变量顾客参与之后，企业性质不会对制造企业服务创新绩效产生显著影响；但顾客参与对制造企业服务创新绩效的回归系数为 0.796，且其显著性 p ＜ 0.001，因此两者之间的回归分析极为显著，并且在加入顾客参与后模型 2 的最终结果优于模型 1（ΔR^2=0.252），说明在制造企业实施服务创新的过程中，顾客参与会使得最终的创新绩效得到提升，故假设 H3-6 得到验证。

在模型 3 中，对控制变量企业性质以及解释变量供应商参与对被解释变量制造企业服务创新绩效进行了回归分析，结果显示，企业性质对制造企业服务创新绩效的回归系数为 –0.006，但其回归效应不显著（p ＞ 0.05），表明在加入解释变量供应商参与之后，企业性质不会对制造企业服务创新绩效产生显著影响；但供应商参与对制造企业服务创新绩效的回归系数为 0.629，且其显著性 p ＜ 0.001，因此两者之间的回归分析极为显著，并且在加入供应商参与后模型 3 的最终结果优于模型 1（ΔR^2=0.260），说明在制造企业实施服务创新的过程中，供应商参与会使得制造企业创新绩效得到提升，故假设 H3-7 得到验证。

在模型 4 中，对控制变量企业性质以及解释变量环境动态性对被解释变量制造企业服务创新绩效进行了回归分析，结果显示，企业性质对制造企业服务创新绩效的回归系数为 0.405，但其回归效应不显著（p ＞ 0.05），表明在加入解释变量环境动态性之后企业性质不会对制造企业服务创新绩效产生显著影响；但战略柔性对制造企业服务创新绩效的回归系数为 0.328，且其显著性 p ＜ 0.001，因此两者之间的回归分析极为显著，并且在加入环境动态性后的模型 4 最终结果优于模型 1（ΔR^2=0.116），说明在制造企业实施服务创新的过程中，环境动态性会对制造企业创新绩效产生一定的正向影响，故假设 H3-10 得到验证。

在模型 5 中，对控制变量企业性质以及解释变量顾客参与、供应商参与、环境动态性对被解释变量制造企业服务创新绩效进行了回归分析，结果显示，企业性质对制造企业服务创新绩效的回归系数为 –0.021，但其回归效应不显著（p ＞ 0.05），表明在加入解释变量顾客参与、供应商参与、环境动态性之后，企业性质不会对制造企业服务创新绩效产生显著影响；但顾客参与以及供应商参与对制造企业服务创新绩效的回归系数分别为 0.461、0.423，且其显著性 p ＜ 0.001，因此顾客参与、供应商参与对制造企业服务创新绩效的回归分析极为显著；而环境动态性对制造企业服务创新绩效的回归系数分别为 0.125，但其显著性 0.05 ＜ p ＜ 0.1，说明顾客参与、供应商参与和环境动态性具有一定的相关性，因此在顾客以及供应商参与制造企业服务创新的过程中，制造企业应当考虑环境动态性来更好地促进顾客以及供应商参与制造企业服务创新。并且在加入顾客参与、供应商参与以及环境动态性后的模型 5 最终结果优于模型 1（ΔR^2=0.365），且其 ΔR^2 大于模型 2～模型 4 对模型 1 的 ΔR^2，因此模型 5 证明了外部维中建立解释变量顾客参与、供应商参与、环境动态性与被解释变量制造企业服务创新绩效的模型是合理的。

2.知识共创的中介效应检验

对知识共创的中介效应的检验能更好地明确顾客参与以及供应商参与对制造企业服务创新绩效的影响机制。对于知识共创中介作用的检验，主要分以下三步来进行：第一步，检验顾客参与以及供应商参与和制造企业服务创新绩效之间的回归关系是否显著，若是则实施下一步，否则终止；第二步，检验顾客参与以及供应商参与到知识共创、知识共创到制造企业服务创新绩效之间的回归关系是否显著，若两者均是，则实施下一步，反之则需要实施 Sobel 检验；第三步，对顾客参与、供应商参与与知识共创以及制造企业服务创新绩效分别进行回归分析，首先看顾客参与、供应商参与、知识共创和制造企业服务创新绩效的回归系数是否显著，若显著，则看顾客参与、供应商参与和制造企业服务创新绩效的回归系数是否变小，若是，则知识共创起到部分中介作用，反之则起到完全中介的作用；若不显著，亦起到完全中介的作用。

已知顾客参与、供应商参与和制造企业服务创新绩效之间的回归关系是显著的，因此直接进行第二步，如表 4.25 和表 4.26 所示。在表 4.25 中，模型 2 的 R^2 值为 0.205，且相较于模型 1（ΔR^2=0.168），F 值为 19.686，且显著性 p ＜ 0.001，说明模型 2 优于模型 1；且顾客参与与知识共创的回归系数为 0.451，并且显著性 p ＜ 0.001，表明顾客参与正向影响知识共创效应；模型 3 的 R^2=0.491，且相较于模型 1（ΔR^2=0.455），F 值为 73.841，且显著性 p ＜ 0.001，说明模型 3 优于模型 1；且供应商参与与知识共创的回归系数为 0.577，并且显著性 p ＜ 0.001，表明供应商参与正向影响知识共创效应。在表 4.26 中，模型 2 的 R^2 值为 0.323，且相较于模型 1（ΔR^2=0.314），F 值为 36.426，且显著性 p ＜ 0.001，说明模型 2 优于模型 1；并且知识共创与服务创新绩效的回归系数为 0.824，并且显著性 p ＜ 0.001，表明知识共创正向影响服务创新绩效。符合上述要求，因此进行第三步，如表 4.27 所示，模型 2

的 R^2 值为 0.410，且相较于模型 1（ΔR^2=0.401），F 值为 35.144，且显著性 p＜0.001，说明模型 2 优于模型 1；且顾客参与、知识整合与服务创新绩效的回归系数分别为 0.515、0.624，并且显著性 p＜0.001，说明该模型回归效应显著，并且 0.515＜0.796，回归系数明显变小，因此知识共创在顾客参与和制造企业服务创新绩效中起到部分中介作用。模型 3 的 R^2 值为 0.352，且相较于模型 1（ΔR^2=0.339），F 值为 27.531，且显著性 p＜0.001，说明模型 3 优于模型 1；且供应商参与、知识整合与服务创新绩效的回归系数分别为 0.292、0.585，并且显著性 p＜0.001，说明该模型回归效应显著，并且 0.292＜0.629，回归系数明显变小，因此知识共创在供应商参与和制造企业服务创新绩效中起到部分中介作用。

表 4.25　　　　　　**顾客参与、供应商参与知识共创的回归分析**

变量	知识共创		
	模型 1	模型 2	模型 3
控制变量			
企业性质	0.470	0.320	0.168
解释变量			
顾客参与		0.451***	
供应商参与			0.577***
模型统计量			
R^2	0.036	0.205	0.491
调整 R^2	0.030	0.194	0.485
ΔR^2	0.036	0.168	0.455
F 统计值	5.815	19.686	73.841
DW		2.017	1.807

注：* 表示结果在 10% 水平上显著，** 表示结果在 5% 水平上显著，*** 表示结果在 1% 水平上显著。

表 4.26   知识共创与服务创新绩效的回归分析

变量	服务创新绩效	
	模型 1	模型 2
控制变量		
企业性质	0.324	−0.063
中介变量		
知识共创		0.824***
模型统计量		
R^2	0.008	0.323
调整 R^2	0.002	0.314
ΔR^2	0.008	0.314
F 统计值	1.290	36.426
DW		1.896

注：* 表示结果在 10% 水平上显著，** 表示结果在 5% 水平上显著，*** 表示结果在 1% 水平上显著。

表 4.27   顾客参与、供应商参与、知识共创与服务创新绩效的回归分析

变量	服务创新绩效		
	模型 1	模型 2	模型 3
控制变量			
企业性质	0.324	−0.141	−0.104
解释变量			
顾客参与		0.515***	
供应商参与			0.292***
中介变量			
知识共创		0.624***	0.585***
模型统计量			
R^2	0.008	0.410	0.352
调整 R^2	0.002	0.398	0.339
ΔR^2	0.008	0.401	0.344
F 统计值	1.290	35.144	27.531
DW		1.872	1.893

注：* 表示结果在 10% 水平上显著，** 表示结果在 5% 水平上显著，*** 表示结果在 1% 水平上显著。

4.5.3 交互维回归分析

1. 被解释变量与解释变量之间的关系检验

为了检验交互维的各个被解释变量与制造企业服务创新绩效的关系，以制造企业服务创新绩效为被解释变量，以顾企互动、组织间控制为解释变量，并控制企业性质对上述关系的影响，最终对上述关系进行了层次回归分析，如表4.28 所示。

表 4.28　　　交互维被解释变量与解释变量的分层回归分析模型

变量	服务创新绩效			
	模型 1	模型 2	模型 3	模型 4
控制变量				
企业性质	0.324	−0.253	0.263	−0.126
解释变量				
顾企互动		0.437***		0.306***
组织间控制			0.378***	0.282***
模型统计量				
R^2	0.008	0.235	0.259	0.353
调整 R^2	0.002	0.225	0.249	0.340
ΔR^2	0.008	0.226	0.250	0.345
F 统计值	1.290	23.446	26.671	27.670
DW		1.766	1.992	1.708

注：* 表示结果在 10% 水平上显著，** 表示结果在 5% 水平上显著，*** 表示结果在 1% 水平上显著。

从表 4.28 可以看出，当仅仅对控制变量企业性质与被解释变量制造企业服务创新绩效做回归分析时（模型 1），企业性质对制造企业服务创新绩效的回归系数为 0.324，但其回归效应不显著（$p > 0.05$），表明企业性质不会对制造企业服务创新绩效产生显著影响。

在模型 2 中，检验了控制变量企业性质以及解释变量顾企互动对被解释变量制造企业服务创新绩效的回归效应，结果显示，企业性质对制造企业服务创新绩效的回归系数为 −0.253，但其显著性 $p > 0.05$，因此两者之间的回归分析不显著，即在加入解释变量顾企互动之后，企业性质不会对制造企业服务创新绩效产生显著影响；但顾客参与对制造企业服务创新绩效的回归系数为0.437，且其显著性 $p < 0.001$，因此两者之间的回归分析极为显著，并且在加入顾企互动后模型2的最终结果优于模型1（$\Delta R^2 = 0.226$），说明在制造企业实施服务创新的过程中，顾企互动会使得最终的创新绩效得到提升，故假设H3-11得到验证。

在模型3中，对控制变量企业性质以及解释变量组织间控制对被解释变量制造企业服务创新绩效进行了回归分析，结果显示，企业性质对制造企业服务创新绩效的回归系数为0.263，但其显著性 $p > 0.05$，因此两者之间的回归分析不显著，即在加入解释变量组织间控制之后，企业性质不会对制造企业服务创新绩效产生显著影响；但组织间控制对制造企业服务创新绩效的回归系数为0.378，且其显著性 $p < 0.001$，因此两者之间的回归分析极为显著，并且在加入组织间控制之后，模型3的最终结果优于模型1（$\Delta R^2 = 0.250$），说明在制造企业实施服务创新的过程中，组织间控制会使得制造企业创新绩效得到提升，故假设H3-12得到验证。

在模型4中，对控制变量企业性质以及解释变量顾企互动、组织间控制对被解释变量制造企业服务创新绩效进行了回归分析，结果显示，企业性质对制造企业服务创新绩效的回归系数为 -0.126，但其显著性 $p > 0.05$，因此两者之间的回归分析不显著，即在加入解释变量顾企互动、组织间控制之后，企业性质不会对制造企业服务创新绩效产生显著影响；但顾企互动、组织间控制对制造企业服务创新绩效的回归系数分别为0.306、0.282，且其显著性 $p < 0.001$，因此顾企互动、组织间控制对制造企业服务创新绩效的回归分析极为显著。并且在加入解释变量顾企互动、组织间控制之后，模型4的最终结果优于模型1（$\Delta R^2 = 0.345$），且其 ΔR^2 大于模型2、模型3对模型1的 ΔR^2，因此模型4证明了外部维中建立解释变量顾企互动、组织间控制与被解释变量制造企业服务创新绩效的模型是合理的。

2. 关系资本的中介效应检验

对关系资本的中介效应的检验能更好地明确顾企互动以及组织间控制对制造企业服务创新绩效的影响机制。对于关系资本中介作用的检验，本书主要分以下三步来进行：第一步，检验顾企互动以及组织间控制和制造企业服务创新绩效之间的回归关系是否显著，若是则实施下一步，否则终止；第二步，检验顾企互动以及组织间控制到关系资本、关系资本到制造企业服务创新绩效之间的回归关系是否显著，若两者均是，则实施下一步，反之则需要实施Sobel检验；第三步，对顾企互动、组织间控制、关系资本以及制造企业服务创新绩效分别进行回归分析，首先看顾企互动、组织间控制、关系资本和制造企业服务创新绩效的回归系数是否显著，若显著，则看顾企互动、组织间控制与制造企业服务创新绩效的回归系数是否变小，若是，则关系资本起到部分中介作用，反之则起到完全中介的作用；若不显著，亦起到完全中介的作用。

已知顾企互动、组织间控制和制造企业服务创新绩效之间的回归关系是显著的，因此直接进行第二步，如表 4.29、表 4.30 所示。在表 4.29 中，模型 2 的 R^2 值为 0.081，且相较于模型 1（ΔR^2=0.061），F 值为 6.736，且显著性 $p < 0.01$，说明模型 2 优于模型 1；且顾企互动与关系资本的回归系数为 0.111，并且显著性 $p < 0.01$，表明顾企互动正向影响关系资本效应；模型 3 的 R^2=0.332，且相较于模型 1（ΔR^2=0.312），F 值为 38.014，且显著性 $p < 0.001$，说明模型 3 优于模型 1；且组织间控制与关系资本的回归系数为 0.206，并且显著性 $p < 0.001$，表明组织间控制正向影响关系资本。在表 4.30 中，模型 2 的 R^2 值为 0.067，且相较于模型 1（ΔR^2=0.058），F 值为 5.452，且显著性 $p < 0.01$，说明模型 2 优于模型 1；并且关系资本与服务创新绩效的回归系数为 0.500，并且显著性 $p < 0.01$，表明关系资本正向影响制造企业服务创新绩效。符合上述要求，则进行第三步，如表 4.31 所示，模型 2 的 R^2 值为 0.251，且相较于模型 1ΔR^2 值为 0.242，F 值为 16.940，且显著性 $p < 0.001$，说明模型 2 优于模型 1；且顾企互动、关系资本与服务创新绩效的回归系数分别为 0.407、0.271，但关系资本与服务创新的回归系数的显著性 $p > 0.05$，说明关系资本在顾企互动和制造企业服务创新绩效中未起到中介作用。模型 3 的 R^2 为 0.261，且相较于模型 1（ΔR^2=0.253），F 值为 17.893，且显著性 $p < 0.001$，说明模型 3 优于模型 1；且组织间控制、关系资本与服务创新绩效的回归系数分别为 0.404、–0.125，但关系资本与服务创新的回归系数的显著性 $p > 0.05$，说明关系资本在组织间控制和制造企业服务创新绩效中未起到中介作用。

表 4.29　顾企互动、组织间控制与关系资本的回归分析

变量	关系资本		
	模型 1	模型 2	模型 3
控制变量			
企业性质	0.243	0.097	0.210

续表

变量	关系资本		
	模型 1	模型 2	模型 3
解释变量			
顾企互动		0.111**	
组织间控制			0.206***
模型统计量			
R^2	0.020	0.081	0.332
调整 R^2	0.013	0.069	0.323
ΔR^2	0.020	0.061	0.312
F 统计值	3.095	6.736	38.014
DW		2.251	2.166

注：* 表示结果在 10% 水平上显著，** 表示结果在 5% 水平上显著，*** 表示结果在 1% 水平上显著。

表 4.30 关系资本与服务创新绩效的回归分析

变量	服务创新绩效	
	模型 1	模型 2
控制变量		
企业性质	0.324	0.202
中介变量		
关系资本		0.500**
模型统计量		
R^2	0.008	0.067
调整 R^2	0.002	0.054
ΔR^2	0.008	0.058
F 统计值	1.290	5.452
DW		1.913

注：* 表示结果在 10% 水平上显著，** 表示结果在 5% 水平上显著，*** 表示结果在 1% 水平上显著。

表 4.31　　顾企互动、组织间控制、关系资本与服务创新绩效

变量	服务创新绩效		
	模型 1	模型 2	模型 3
控制变量			
企业性质	0.324	−0.279	0.289
解释变量			
顾企互动		0.407***	
组织间控制			0.404***
中介变量			
关系资本		0.271	−0.125
模型统计量			
R^2	0.008	0.251	0.261
调整 R^2	0.002	0.236	0.246
ΔR^2	0.008	0.242	0.253
F 统计值	1.290	16.940	17.893
DW		1.740	2.003

注：* 表示结果在 10% 水平上显著，** 表示结果在 5% 水平上显著，*** 表示结果在 1% 水平上显著。

4.6　结果与讨论

1. 实证研究的结果

本书运用层次回归分析方法检验了制造企业内部维、外部维、交互维影响因素与服务创新绩效的关系，最终对本书提出的假设的验证结果如表 4.32 所示。

表 4.32　　　　　　　　　　假设验证结果

序号	假设内容	验证结果
内部维		
H3–1	一线员工参与正向影响制造企业服务创新绩效	支持
H3–2	知识整合在一线员工参与和制造企业服务创新绩效中起到中介作用	支持

续表

序号	假设内容	验证结果
H3-3	组织创新氛围正向影响制造企业服务创新绩效	支持
H3-4	战略柔性正向影响制造企业服务创新绩效	支持
H3-5	组织合法性正向影响制造企业服务创新绩效	支持
外部维		
H3-6	顾客参与正向影响制造企业服务创新绩效	支持
H3-7	供应商参与正向影响制造企业服务创新绩效	支持
H3-8	知识共创在顾客参与和制造企业服务创新绩效之间起到中介作用	支持
H3-9	知识共创在供应商参与和制造企业服务创新绩效之间起到中介作用	支持
H3-10	环境动态性对制造企业服务创新绩效产生正向影响	支持
交互维		
H3-11	顾企互动对制造企业服务创新绩效的提升有正向影响	支持
H3-12	组织间控制对制造企业服务创新绩效的提升有正向影响	支持
H3-13	关系资本在顾企互动和制造企业服务创新绩效之间起到中介作用	未支持
H3-14	关系资本在组织间控制和制造企业服务创新绩效之间起到中介作用	未支持

2. 制造企业服务创新的内部维影响因素结果讨论

本书的研究结果证明了一线员工参与对制造企业服务创新绩效的影响作用，即假设 H3-1 成立。这一结果表明在制造企业服务创新过程中，在服务化战略方案设计阶段，一线员工能够提出自己的想法完善服务化战略实施方案；在方案的实施阶段，一线员工通过获取客户的实时信息，并与自身的实践经验密切结合，能够发现服务化战略实施过程中的诸多问题，有助于完善服务化战略的实施方案。并且服务化实施过程中的诸多问题，能够激发一线员工的创新行为，最终提升制造企业的服务创新绩效。因此制造企业在服务创新过程中，应当使得一线员工参与创新方案的制定以及实施，尽可能多地获得一线员工的相关建议，使得服务创新方案更加完善，从而促进制造企业服务创新绩效的提升。

本书的研究结果证明了组织合法性对制造企业服务创新绩效的影响作用，即假设 H3-5 成立。这表明在制造企业服务创新过程中，若是组织的行为与所处环境相匹配以及得到环境中与企业相关者的认可，那么组织合法性将在服务创新过程当中起到不可忽视的作用，它一方面使得企业更有利于获得合作伙伴的信任，从而提升了获得互补性资源的能力，并且在合作过程中，会与合作方实现最大程度的信息共享，从而提升服务创新的效率；另一方面，组织合法性对于企业进行市场扩张有着一定的促进作用，从而使得制造企业服务创新的结果在市场中得到充分推广，增加企业的收益，最终提升制造企业的服务创新绩效。因此制造企业在实施服务创新过程当中，应当注意企业的行为与环境的匹配，组织合法性的存在将会使得制造企业在服务创新过程当中获得外部环境的支持，从而提升制造企业服务创新绩效。

本书的研究结果证明了战略柔性对制造企业服务创新绩效的影响作用，即假设 H3-4 成立。这表明在制造企业服务创新过程中，战略柔性发挥了举足轻重的作用。战略柔性使得企业能够迅速对各部门所拥有的资源进行高效利用与整合，并为满足客户需求提供了坚实的基础，以形成企业的竞争优势。战略柔性的存在还可以有效地克服组织惰性，从而增加企业对所处环境的敏锐度，提高了企业的适应性，使得制造企业服务创新过程更加顺利。同时使得制造企业能牢牢抓住市场机遇，以从容应对市场挑战，提高服务创新的效率，最终提升制造企业的服务创新绩效。因此在制造企业服务创新过程当中，制造企业应当提升自己的战略柔性能力，从而更好地运用内部资源来应对外部环境的变化以及达到自己的预期目标，从而提升制造企业服务创新绩效。

本书的研究结果证明了知识整合在一线员工参与对制造企业服务创新绩效的影响中发挥中介作用，即假设 H3-2 成立。这表明在服务创新过程中，一线员工是获取外部利益相关者的知识的重要环节。若是一线员工参与制造企业服务创新过程，将会大大提升获取的外部知识量；同时一线员工还会将获取的知识与自身的隐性知识相融合，并可将其运用到服务创新过程当中，从而大大提升企业的知识整合能力。知识整合能力的提升，将会使服务创新制造企业能高效获得相关知识，而知识是创新过程中不可或缺的资源，因此知识整合能力的提升将会正向影响服务创新的效率，从而提升制造企业服务创新绩效。因此在制造企业服务创新过程当中，制造企业应当提升自己的知识整合能力，从而更好地运用内部知识以及外部知识，从而提升制造企业服务创新绩效。

本书的研究结果证明了组织创新氛围对一线员工参与对知识整合的关系发挥调节作用，即假设 H3-3 成立。这表明在制造企业服务创新过程当中，浓厚的组织创新氛围会使一线员工有更多的自主权与决策权，从而提升员工的自信心与满意度，并使其更喜欢自己的工作，从而提升实施服务创新的效率。浓厚的组织创新氛围会使得一线员工间更容易实现信息共享，进而能更快地解决服务创新过程中出现的诸多问题。因此在制造企业服务创新过程当中，制造企业应当建立浓厚的组织创新氛围，提升员工的满意度，促进员工之间的相互合作以及员工创新行为的产生，最终提升制造企业服务创新绩效。

3. 制造企业服务创新的外部维影响因素结果讨论

本书的研究结果证明了顾客参与对服务创新绩效的影响作用，即假设 H3-6 成立。这一假设的验证与部分学者在新产品开发、服务生态系统构建领域中所进行的研究结果基本相符，即顾客参与在制造企业开展服务创新的过程中占据重要地位，并且对服务创新绩效有着显著正向影响。相对之前相关研究多从理论研究视角开展研究，从实证角度为这一观点提供了支撑。

本书的实证研究结果证明供应商参与对服务创新绩效具有正向影响作用，即假设 H3-7 成立。这一假设的验证说明了供应商作为企业业务开展时的重要参与主体，其在制造企业进行服务创新时占据着不可忽视的重要地位。将供应商参与作为研究问题和企业实践中的考虑要素具备价值。本书通过实证研究得到的结论不仅为相关研究的进一步深入提供了支持，还为企业的实际行动起到了指导作用。

本书的研究结果证明了知识共创在顾客参与、供应商参与对制造企业服务创新绩效影响中起到了中介作用，即假设 H3-8、假设 H3-9 成立。这一研究结果为顾客参与、供应商参与两大要素是如何在服务创新过程中产生影响并最终作用于服务创新绩效的机理进行了阐述，基于知识共创的角度提供了解释。研究结果表明，单纯地引入外部主体的参与是不够的，需要通过合理的整合，例如，通过搭建平台、建立合作反馈机制等途径，将顾客及供应商引入开发、创新的过程中来。基于这种方式，使得制造企业在开展服务创新过程中能够及时获取知识与信息，通过高效可行的知识共创机制，有效开发新服务，并最终提升服务创新绩效。

本书的研究结果证明了环境动态性对于制造企业服务创新过程中知识创造机制的促进作用，即假设 H3-10 成立。这一研究结果的验证，证明了制造企业开展服务创新时除了会因顾客参与和供应商参与而受到影响外，企业所处市场环境发生的动态变化也会产生重要作用。该结论与基于权变理论、动态能力理论而进行的诸多理论研究相符，即验证了环境对于服务创新绩效的重要影响，也就是说企业在进行服务创新时要关注外部环境变化，结合市场灵活应变，才能最终使得服务创新有效进行、得到绩效提升。

4. 制造企业服务创新的交互维影响因素结果讨论

本书的研究结果证明了组织间控制与服务创新绩效的正向影响，即假设 H3-12 成立。通过企业之间的合作交互，可以抑制企业服务创新过程中存在的机会主义行为，使企业间进行的协同合作更好地服务于企业的核心目标。将组织间控制分为信任控制、契约控制、关系资本，通过实证研究证明了组织间控制对服务企业创新绩效的正向促进作用。

本书的研究结果证明了顾企互动与服务创新绩效的正向影响，即假设 H3-11 成立。研究普遍认为，企业只有真正地知道顾客需要什么，才能针对性地实施基于顾客需求的服务创新。这一假设的验证与部分学者的研究成果相一致：认为顾企互动能加深企业对顾客需求的了解，以设计出更具竞争优势的产品和服务、增强创新能力和提升生产能力利用率，以增强企业服务创新绩效。本书从实证角度进一步验证了顾企互动可以正向促进企业的服务创新绩效。

本书的研究结果未证明关系资本在顾企互动、组织间控制与制造企业服务创新绩效中的中介作用。一般而言，通过顾企互动、组织间控制，企业与企业、企业与顾客之间可实现信息共享，进而促进其之间的高效合作。在交互维研究中，关系资本在顾企互动、组织间控制与制造企业服务创新绩效中的中介作用未得到验证，其原因可能有如下几点：（1）我国供应链成员企业出于对自身利益的考虑，对关系到企业核心价值的那些隐性知识等诸多资源，未能在企业、顾客之间实现共享，进而使得诸多合作方的效率未达到最佳。（2）供应链成员在合作过程中，往往都注重自身利益最大化，未考虑到合作伙伴的获利情况，使得整体利益未达到最优。这两点原因均会导致供应链成员之间的合作关系未达到最优状态，进而不会对制造企业服务创新绩效产生一定的影响。

4.7　本章小结

本章主要是通过阅读相关文献，借鉴与本书的研究变量相关的成熟量表，设计出符合本书研究对象的问卷，并对问卷发放以及回收情况进行了详细介绍。

随后对收集到的问卷数据进行分析：首先进行描述性统计、信度和效度分析；其次在问卷数据具有一定的可靠性和有效性的基础上，对其进行多重共线性、异方差以及序列相关性检验；最后在符合诸多条件之后，进行相关分析以及回归分析，对提出的相关假设进行验证并得出最终结果。

第5章 制造企业服务创新影响因素之知识获取方式因素研究

在制造企业服务创新的影响因素研究中，纵观企业内外部维的各种资源与能力，知识资源是企业最关键的资源之一。一直以来，知识因素都是企业创新行为的重要驱动因素。在信息技术发展迅猛的当下时代，企业的创新不仅需要内部的知识，还与外界获取的知识密切相关。制造企业服务创新中，企业突破了原有的边界，进入了新的领域与市场，获取外界的新知识更加重要。

而不同的知识获取方式也会对制造企业的服务创新产生不同的影响。本书将制造企业的知识获取方式分为外部知识搜索、知识共享与知识共创，研究他们对服务创新的作用，并引入开放式创新这一中介变量，探索了不同知识获取方式对服务创新的影响机理。

5.1 研究假设及概念模型

通过以上文献回顾和述评发现，现有关于知识与服务创新关系的研究仍停留在初步研究，具体的作用机制仍需要深入探索。

目前多数研究对知识获取的概念界定还很笼统，未能和其他相近概念明显区分，同时对知识获取的方式没有非常清晰的分类，本书参考海伦娜（Helena）等学者对资源的划分方法，对知识获取方式进行定义，研究不同深度的知识获取与服务创新绩效的关系。对于因变量——服务创新绩效的衡量，现有研究过于注重结果绩效的衡量，部分学者采用单一的财务绩效衡量企业的服务创新绩效。根据服务无形性、同时性的特点，服务交付的效率和顾客的体验等也是绩效考核的重要指标，虽可能未立即反映到财务绩效中，却会对企业品牌、顾客忠诚度等长远影响服务创新绩效因素产生影响。因此在因变量——服务创新绩效的衡量中，采用过程绩效和结果绩效的双重衡量方式，以更全面地衡量整体的服务创新绩效。由于开放式创新本质上需要知识获取作为前提，又符合服务创新的内涵要求，结合开放式创新的理论，引入了开放式创新作为中介变量。下面分析上述变量的关系。

本书涉及知识获取、外部知识搜索、知识共享、知识共创、开放式创新、内向型开放式创新、外向型开放式创新、制造企业服务创新绩效、过程绩效、结果绩效共计 10 个关键变量。各个关键变量的定义如表 5.1 所示。外部知识搜索指单方面的收集和获得其他企业的知识。外部知识搜索一般发生于与其他企业有限的互动过程中，获取的多为一般性的、容易转移的、显性的知识。知识共享指的是互动企业双方分别向对方提供重要的或有价值的知识，例如，企业与供应商交换对当下合作的反馈意见，并分别在企业内进行改进。知识共创只发生在有紧密互动的企业间，供应商、合作伙伴及顾客等在与企业的互动中为服务创新流程提供重要的显隐性知识，共同参与知识的再创造过程，并将这一过程形成企业惯例。

表 5.1   关键变量的定义

变量	定义
知识获取	企业在内外部团体交往中获得知识
外部知识搜索	企业为了解决问题，对外部知识的搜寻、获取、整合、加工、利用的过程
知识共享	组织之间通过各种渠道进行讨论和交换知识
知识共创	企业间共同参与的产生新知识的活动
开放式创新	企业在创新过程中通过与外部组织的广泛合作，整合内外部创新资源进而提高创新效率与效益的一类创新模式
内向型开放式创新	企业从外部获取知识并在内部进行创新行为，包括上下游企业合作、嵌入外部知识网络、购买知识产权等
外向型开放式创新	企业将内部知识通过外部途径实现商业价值，包括知识的外部授权、技术服务等服务创新绩效服务创新为企业带来的绩效
制造企业服务创新绩效	服务创新为企业带来的绩效
过程绩效	服务创新带来的创新开发成本、时效性、响应速度等方面的变化
结果绩效	服务创新带来的财务、竞争力、产品或服务品质方面的变化

1. 知识获取方式与制造企业服务创新绩效的关系

许多研究成果已经表明了企业知识获取与创新绩效的关系密切。首先，知识获取可以提升企业知识的广度和深度，从而降低创新研发的难度，缩短开发时间，增加创新的成功率。如萨拉等（Zahra et al.）的研究表明，企业获取的知识提升了企业知识的多样性，提高了企业学习的深度、广度和速度，从而促进了企业更多的创新行为。伦科等（Y.Renko et al.）指出，知识获取提升了企业的知识存量，增加了企业的创新动力。德温妮等（Devinney et al.）的研究证明了知识获取对企业创新的正向影响。此外，根据科恩和莱文塔尔（Cohen and Levinthal）的研究，企业获取外部知识会影响企业对知识的理解和使用，有利于企业的创新活动。

制造企业进行服务创新与其他形式的创新一样，涉及企业现存知识外的新知识，需要扩充现有的知识积累。而且由于产品和服务不同的特点，制造企业此前给予核心技术和产品积累的知识无法满足服务创新的需要。如果企业过分依赖当下现有的知识，容易导致"核心刚性"从而造成创新的失败。因此，相对于其他创新，获取外界的新知识对于制造企业的服务创新更为重要。企业必须打破当下现有的知识范围，跨越组织边界寻找、获取和生成新的知识，促进服务创新绩效的提升。根据本书对知识获取方式的识别，外部知识搜索、知识共享、知识共创均为知识获取的途径，因此他们也对服务创新绩效有着积极的正向影响。

基于以上分析，提出假设：

H5-1：知识获取方式对制造企业的服务创新绩效有积极影响。

H5-1a：外部知识搜索对制造企业的服务创新绩效有积极影响。

H5-1b：知识共享对制造企业的服务创新绩效有积极影响。

H5-1c：知识共创对制造企业的服务创新绩效有积极影响。

2. 开放式创新与制造企业服务创新绩效的关系

一种创新模式的有效性和生命力在于它能否显著改善企业的绩效。服务创新绩效作为企业绩效的一种重要体现，也衡量着开放式创新的效果。在封闭式创新模型中，企业的创新行为均在组织内部，市场收益和内部的研发成本均更容易衡量。在开放式创新的情境下，一方面，企业的资源获取成本有所降低；另一方面，企业的服务创新绩效不仅表现在新产品或新服务提供带来的财务绩效，同时也体现在服务效率的提升、企业柔性的增加、对市场反应速度的加快等方面，开放式创新对服务创新绩效有着促进的作用。

在内向型开放式创新中，企业持续不断地将外部有价值的技术、知识、创意等吸收到企业内部，运用到内部的产品及服务研发中，实现其商业化。在这个过程中，企业所处的网络成为知识的有效来源。企业通过与研发机构、高校、上游供应商、用户等的合作，建立起开放式的创新网络，通过创新网络获取外部信息，形成问题的解决方案，对内部知识形成了重要补充。顾客提供的需求信息、上下游供应商与企业的信息互通，大大提升了企业新产品或新服务开发的数量和速度，有助于企业获得绩效。

此前对内向型开放式创新的研究居多，相比之下，对外向型开放式创新的研究较少。由于外向型开放式创新作为知识输出方，有泄露企业重要机密、降低知识独占性的危险，因此，部分学者认为外向型开放式创新会对企业绩效产生不利影响。但随着研究的深入，学者们逐渐论证了外向型开放式创新对企业的正向作用。并且企业通过外向型开放式创新可以提升企业的声誉，并优化与合作伙伴的关系，促使企业获得更好的绩效。此外，在外向型开放式创新中，企业成为知识输出源，将内部有价值的创意、知识、资源输出到组织外部的其他企业。在这个过程中，企业不再局限于自身的渠道和市场，可通过知识产权、技术服务等的许可转让获得绩效，也可以依托外部合作组织发现、开拓和进入新市场。在制造企业服务创新中，外向型开放式创新主要表现为，为外部组织提供服务包、整体解决方案、与合作伙伴联合开发知识等形式。

基于以上分析，提出假设：

H5-2：开放式创新对制造企业服务创新绩效有积极影响。

H5-2a：内向型开放式创新对制造企业服务创新绩效有积极影响。

H5-2b：外向型开放式创新对制造企业服务创新绩效有积极影响。

3. 知识获取方式与开放式创新的关系

企业获取外部知识需要通过一定的途径甄别、筛选和吸收。根据与合作伙伴关系强度和互动整合深度的不同，本书识别了知识获取的三种方式：外部知识搜索、知识共享和知识共创。

外部知识搜索指单方面的收集和获得其他企业的知识。此行为一般发生于与其他企业日常的互动过程中，获取的多为一般性的、容易转移的、显性的知识。知识来源不局限于上下游的供应商、顾客等合作伙伴，还包括竞争对手等其他企业。第一，外部知识搜索可显而易见地扩充企业当前的知识库，尤其是知识的广度。企业内部的知识广度越大，所涉及的领域越多，对于不同类型的知识越能够有更好的理解与认识，评估知识对企业的价值，也可感知到企业内外的创新机会，以制定更好的策略获取未来的潜在收入，这与开放式创新的要求不谋而合。第二，外部知识搜索增强了企业的知识储备，使企业具备了更高的吸收能力，促使企业与外部的其他合作伙伴建立更深层次的互动关系，促进开放式创新中的合作要求。因此知识吸收对企业的开放式创新能够产生积极的影响。

知识共享指的是互动企业双方分别向对方提供重要的或有价值的知识，并获得对方提供的知识。知识共享行为一般发生于有较为密切合作关系的企业间，如与上游的供应商、下游的渠道商及顾客等。各主体在互相信任的基础上，在允许范围内共享不涉及自身机密的知识。知识共享所涉及的知识不再是无目的的外部搜索得来的知识，而是有针对性的，在双方擅长的领域中进行共享，需要双方有一定的共同知识基础，支撑知识共享的顺利进行。首先，知识共享可增加企业知识的广度。类似于外部知识搜索，知识共享补充了企业在不擅长领域的知识，为企业的开放式创新增加了知识储备，提供了前提条件。其次，知识共享可以增加企业知识的深度。知识共享中，企业的互动关系比外部知识搜索更为密切。鉴于共享的企业双方在密切的合作中对对方的知识范围有比较深入的了解，企业可以互相分享和获取互补性知识，深度的互补知识可以大大提升创新的效率。再次，知识共享中，除了获取合作伙伴的知识外，企业也需要向合作伙伴分享内部知识，这一行为有利于企业对自身知识的梳理，加深对现有知识库的管理，从而更好地与外部知识对接，促进创新。最后，知识共享可以加深企业与外部组织的合作关系，更深入、更广泛的合作关系有利于企业长期与合作伙伴进行知识、资源等的交换。

知识共创是比知识获取、知识共享更深层次的知识获取模式，发生知识共创的双方主体互动行为紧密，在共同创造新知识前，首先会对自身和对方知识有非常清楚的认知和深刻的理解，从获取到创造的过程中，增加知识的广度和深度，加深与外界企业的关系，增加社会资本，从而促进企业的开放式创新。

基于以上分析，提出如下假设：

H5-3：知识获取方式对开放式创新有影响。

H5-3a：外部知识获取对开放式创新有积极影响。

H5-3b：知识共享对开放式创新有积极影响。

H5-3c：知识共创对开放式创新有积极影响。

4. 开放式创新的中介作用

开放式创新作为外部新知识来源与内部原有知识融合的媒介，影响着企业的服务创新绩效。而外部知识搜索、知识共享促进企业的开放式创新。因此通过开放式创新，通过知识搜索和知识共享获得的外部知识与内部原有知识有效连接融合，在新的服务领域促进创新行为，从而获得绩效。开放式创新在外部知识搜索、知识共享和制造企业服务创新绩效间起中介作用。与外部知识搜索、知识共享类似，知识共创可以增加企业的知识广度和知识深度，也可加深与上下游企业及顾客的关系。除此之外，知识共创还有其他更为重要的作用。首先，在互相沟通并产生新知识的过程中，企业会对外部环境感知能力大大增加，对外部机会、风险及可能带来的收益有更为合理的评估，有利于外向型开放式创新活动的开展。其次，知识共创是企业与外部知识源的深层次互动，容易发现符合企业长远战略意义的机会或路径，也有利于企业调整其内部知识结构，促进企业的开放式创新。再次，在知识共创活动中，与企业共创知识的其他主体均为企业的深度合作伙伴或潜在客户，而这些主体即为开放式创新的合作主体。在知识共创活动中对创造的新知识有了充分的了解和认可，可以直接促进开放式创新中对这些知识或利用这些知识开放的产品或服务的授权。在共创知识的基础上，企业为顾客提供整体解决方案的过程中，也能更好地满足顾客的需求。最后，当企业与合作伙伴或顾客的知识共创行为得到了有价值的知识后，企业对知识输出的动力也随之变高，就更有可能将知识输出外部进行商业化，从而促进企业的开放式创新。

基于以上分析，提出如下假设：

H5-4：开放式创新在知识获取与制造企业服务创新绩效间起中介作用。

H5-4a：开放式创新在外部知识搜索与制造企业服务创新绩效间起中介作用。

H5-4b：开放式创新在知识共享与制造企业服务创新绩效间起中介作用。

H5-4c：开放式创新在知识共创与制造企业服务创新绩效间起中介作用。

5. 控制变量

除了自变量之外的一些变量也会影响因变量，因此本书在概念模型中加入了两个重要的控制变量，防止控制变量对分析结果产生影响。（1）行业差异。行业是影响制造企业服务创新绩效的一个重要因素。不同类型的制造行业进行服务创新的程度不同，提供的服务程度不同，会对服务创新绩效产生较大的影响。如设备制造业提供整体解决方案比消费品制造业提供售后服务或产品服务包产生的服务创新绩效空间更大。（2）企业规模。企业规模也是影响制造企业服务创新绩效的一个因素。拥有足够资源能力的大型企业有更强的知识获取能力和服务创新的动机及需求，而以生存为主的中小型企业由于资源能力的不足，即使有服务创新的想法，但是往往也因为缺乏资源能力的支持而放弃。因此，本书需要排除行业差异、企业规模和对制造企业知识获取与服务创新绩效关系的影响。后文将检验行业差异与企业规模与因变量的相关性，并在数据分析中做必要处理。

根据上述假设分析，本书模型如图 5.1 所示。

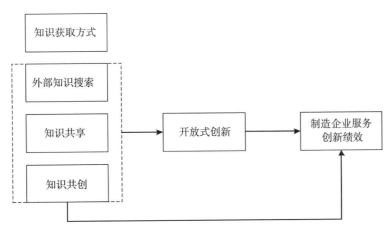

图 5.1　制造企业知识获取方式对服务创新绩效影响的概念模型

5.2　问卷设计与数据收集

1. 问卷基本情况

现代管理学中问卷调查法是运用最广泛的调研方法，因问卷调查法成本低，时间花费少，样本覆盖范围广，且随着网络的发展，不受时间、地域限制即可获得大量数据，因此在研究中受到广泛应用。然而问卷的设计也要遵循一定的规则才能收集到有效的数据，以免误用问卷得到不科学的结论。李怀祖在《管理研究方法论》中提出了问卷调查的几点原则：第一，问卷设计要简明扼要，避免忌讳和冗长的问题；第二，问卷题目设计需明确相关概念，不能引起歧义；

第三，问卷题目用词应保持中性，不能诱导答题者做出有偏向性的回答；第四，避免提问难以反映真实性的问题；第五，避免把不能确认的事情当作前提假设进行推定，造成答题者无法作答。

在遵循上述原则的基础上，作者系统阅读了知识获取、知识转移、开放式创新、制造企业服务创新等相关文献 80 余篇，并参考了现有期刊中引用较高的、被大家广泛接受的、有较高新效度的相关量表，形成问卷初稿。初稿形成后，与导师、教研组成员经过反复讨论、修改形成问卷修改稿。此后，选取了大连理工大学高级经理学院一个研习班与一个 MBA 班级进行问卷的预测试，通过预测试对问卷进一步修改，并根据参与预测试的答卷者对问卷措辞、提问方式进行修改，形成问卷的最终稿。

本研究的调查问卷包括三大部分。第一部分是问卷引导语，包括调研团队简介、调研目的、数据安全性保证说明及致谢。第二部分为答卷者所在企业及答卷者本人的基本信息，企业信息主要包括企业所属的具体制造行业、企业所有制性质、公司规模、所提供的服务种类，答卷者信息包括职位等级、对企业服务业务的了解程度等。第三部分为问卷主体，即关键构念的李克特五级量表。数字代表的含义从 1~5 逐渐增强，1 表示非常不同意，2 表示不同意，3 表示一般，4 表示同意，5 表示非常同意，此外还有问卷中涉及的变量解释和填写要求。

2. 问卷题项设计

通过合理问题对变量进行准确的测量是研究的基础，本书在前人研究的基础上对涉及的变量，即外部知识搜索、知识共享、知识共创、开放式创新、内向型开放式创新、外向型开放式创新及服务创新绩效的量表进行了设计。

（1）知识获取方式题项设计。本书根据与合作伙伴合作深度的不同将知识获取分为外部知识搜索、知识共享与知识共创。其中外部知识搜索部分，参考萨拉和乔治（Zahra and George）及科恩和莱文塔尔（Cohen and Levinthal）等的研究，着重测量企业对外部知识的获取、消化与应用。知识共享部分参考杨和吴（Yang and Wu）及杜等（Du et al.）的研究，着重测量共享双方交流的意愿及共享知识的有效性。野中（Nonaka）在知识创造领域做出了奠基性研究，此外，贝塞拉·费尔南德斯和萨博瓦尔（Beccerra-Fernandez and Sabherwal）及韩维贺开发的量表较为学术界认可。知识共创部分，主要参考知识创造中企业间知识创造的部分并根据本书进行调整。

（2）开放式创新题项设计。关于开放式创新的研究主要有两种分类，一种是通过开放深度及开放广度来测量，另一种即为本书采用的通过内向型开放式创新和外向型开放式创新来测量。虽然目前关于内向型开放式创新的研究要远多于外向型开放式创新，但二者都有着非常成熟的研究量表。外向型开放式创新主要参考陈玉芬、斯塔姆（Stam）等学者开放的相关量表，确定了 6 个题项：①企业经常主动到其他企业进行创新项目的交流或报告；②企业经常与外部伙伴共同解决创新项目的难题；③如果有必要，企业愿意为其他企业的创新提供建议或帮助；④企业经常为其他企业或组织的创新提供建议或帮助；⑤企业经常出售服务或解决方案；⑥企业利用外部企业的渠道使新产品顺利进入市场。借鉴西索迪亚等（Sisodiya et al.）、里特和詹姆（Ritter and Gem）对内向型开放式创新的研究成果，确定了 5 个题项：①企业能及时从外部获得所需市场需求信息；②企业能从外部获得服务创新所需的技术或专利；③企业能从外部获得创意信息；④企业能及时从外部获得服务创新的趋势信息；⑤企业能及时从外部获得服务提供的反馈评价。

（3）制造企业服务创新绩效题项设计。企业的创新绩效一直是学者的研究热点，绩效测量均有成熟量表可参考。具体到制造企业服务创新绩效的测量，本书参考了斯托里和凯莉（Storey and Kelly）与孙颖的研究成果题项，并将其分为过程绩效与结果绩效两个维度，衡量服务创新过程与结果产生的绩效。其中过程绩效确定 4 个题项：①新服务的开放和执行的内部流程不断优化；②服务开发及交付的效率更高；③服务的反应时间更加迅速；④企业对市场反应时间更加迅速。结果绩效确定 8 个题项：①服务创新提高了企业的投资报酬率；②服务创新提高了企业的销售额；③服务创新提升了企业的利润；④企业收入中服务带来的收入所占比例增加；⑤服务创新提高了企业的市场占有率；⑥服务创新提高了企业的顾客满意度；⑦服务创新有助于企业营业目标和长期战略的实现；⑧服务创新有利于企业将来开发其他创新服务。

3. 数据收集

本书以在中国区域内且有服务创新行为的制造企业为研究对象，通过大连理工大学 MBA 班级、大连高级经理学院、个人人脉及中介调查机构进行问卷收集。通过各种途径共分发问卷 230 份，回收问卷 208 份，除去不提供服务及对企业提供服务不甚了解的无效问卷 7 份，共获得有效问卷 201 份，问卷有效率为 87.4%。

5.3　描述性统计分析

参与调查的被调查者基本信息统计如下：在被调查者的行业分布中，通信及其他电子设备行业所属的被调查者最多，其次为金属及非金属制造业。所有制形式中，企业分布较为平均，中外合资企业数量略多于其他企业。有效问卷中的所有企业均提供基础服务，部分企业在此基础上提供其他增值服务或整体解决方案等服务，具体分布情况如表5.2所示。此外，本部分对涉及变量的各题项的均值、标准差进行统计分析，该分析的目的是初步了解各变量及其维度的得分情况，具体分布情况见表5.3。

表5.2　样本分析

变量	题项	数量	百分比
企业所属制造行业	通信及其他电子设备	46	22.88
	交通运输设备制造业	24	11.94
	通用设备制造业	27	13.43
	电气机械及器材制造业	18	8.96
	化学化工制造业	20	9.95
	金属及非金属制造业	37	18.40
	专用设备制造业	22	10.94
	其他制造业	7	3.50
所有制形式	国有企业	48	23.88
	民营企业	58	28.86
	外商独资企业	25	12.44
	中外合资企业	70	34.82
员工数量	1~49人	17	8.46
	50~99人	25	12.43
	100~199人	35	17.42
	200~499人	48	23.88
	500~999人	30	14.93
	1000~4999人	25	12.44
	5000人以上	21	10.44

续表

变量	题项	数量	百分比
被调查者的职位	高层管理	22	10.94
	中层管理	92	45.77
	基层管理	59	29.36
	普通员工	28	13.93
对企业服务业务的了解程度	一般	17	8.46
	有点了解	22	10.94
	非常了解	162	81.60
企业提供的服务种类（多选）	围绕产品提供基础服务	201	100.00
	围绕产品提供增值服务	176	87.56
	根据顾客需求提供整体解决方案	50	24.86

表 5.3　　　　　　　　　　描述性统计分析

变量	均值	标准差	项目数	N
知识获取方式	3.75	0.61	13	201
外部知识搜索	3.72	0.82	5	201
知识共享	3.72	0.76	4	201
知识共创	3.79	0.64	4	201
开放式创新	3.71	0.65	10	201
内向型开放式创新	3.81	0.73	5	201
外向型开放式创新	3.61	0.76	5	201
制造企业服务创新绩效	3.89	0.60	10	201
过程绩效	3.80	0.72	4	201
结果绩效	3.96	0.62	6	201

5.4　信度与效度分析

1. 量表的信度检验

由于预测试样本量较小，正式调研时仍需采用 Cranbach's α 信度系数法根据新样本对象对问卷信度进行检验，结果如表 5.4 所示。

表 5.4   信度分析结果（N=201）

项目	维度	各维度的 Cranbach's α 数值	项数	总量表 Cranbach's α 数值
知识获取方式（13）	外部知识搜索	0.903	5	0.874
	知识共享	0.842	4	
	知识共创	0.897	4	
开放式创新量表（10）	内向型开放式创新	0.853	5	0.893
	外向型开放式创新	0.872	5	
制造企业服务创新绩效量表（10）	过程绩效	0.836	4	0.866
	结果绩效	0.901	6	

由表 5.4 可知，三种知识获取方式量表的 Cranbach's α 均大于 0.8，开放式创新量表及服务创新绩效量表的 Cranbach's α 值也大于 0.8，整体问卷具有良好的内部一致性信度。

2. 量表的效度检验

正式研究中量表的效度检验首先使用 SPSS 进行 KMO 和 Barlett 球形检验。KMO 统计量取值在 0~1 之间。KMO 值越接近于 1，变量间的相关性越强，原有变量越适合作因子分析；KMO 值越接近于 0，意味着变量间的相关性越弱，原有变量越不适合作因子分析。一般情况下，KMO 在 0.9 以上表示非常适合，0.8 表示适合，0.7 表示一般，0.6 表示不太适合，0.5 以下表示极不适合。一般在 0.8 左右可以接受。Bartlett 检验显著性 SIG ＜ 0.05 才可以接受。首先对知识获取量表的效度进行检验。根据表 5.4 的结果显示，可以进行探索性因子分析。

（1）知识获取方式量表的效度检验。首先对知识获取方式量表的效度进行检验。根据表 5.5~ 表 5.7 的结果显示，可以进行探索性因子分析。

表 5.5   外部知识搜索量表的 KMO 和 Barlett 球形检验

Kaiser–Meyer–Olkin Measure of Sampling Adequacy		0.871
Bartlett's Test of Sphericity	Approx. Chi–Square	242.078
	df	10.000
	Sig.	0.000

表 5.6　　　　　　　知识共享量表的 KMO 和 Barlett 球形检验

Kaiser–Meyer–Olkin Measure of Sampling Adequacy		0.810
Bartlett's Test of Sphericity	Approx. Chi–Square	135.775
	df	6.000
	Sig.	0.000

表 5.7　　　　　　　知识共创量表的 KMO 和 Barlett 球形检验

Kaiser–Meyer–Olkin Measure of Sampling Adequacy		0.774
Bartlett's Test of Sphericity	Approx. Chi–Square	118.432
	df	6.000
	Sig.	0.000

　　对收集到的问卷数据进行探索性因子分析，因子载荷大于 0.5 的可以归于同一维度。由表 5.8~ 表 5.10 可知，知识获取方式各个量表解释度达标，题项得分符合要求，量表满足要求可用于下一步的实证研究。

表 5.8　　　　　　　外部知识搜索量表的探索性因子分析结果

维度	题项	因子
		1
外部知识搜索（KA）	KA1	0.678
	KA2	0.751
	KA3	0.759
	KA4	0.789
	KA5	0.828

表 5.9　　　　　　　知识共享量表的探索性因子分析结果

维度	题项	因子
		1
知识共享（KS）	KS1	0.763
	KS2	0.707
	KS3	0.555
	KS4	0.773

表 5.10 知识共创量表的探索性因子分析结果

维度	题项	因子
		2
知识共创（KC）	KC1	0.713
	KC2	0.755
	KC3	0.565
	KC4	0.724

（2）开放式创新量表效度检验。对开放式创新量表的效度进行 KMO 和 Barlett 球形检验，根据表 5.11 的结果显示，KMO 为 0.8，且显著性小于 0.05，可以进行探索性因子分析。

表 5.11 开放式创新的 KMO 和 Barlett 球形检验

Kaiser–Meyer–Olkin Measure of Sampling Adequacy		0.800
Bartlett's Test of Sphericity	Approx. Chi–Square	1332.931
	df	45.000
	Sig.	0.000

探索性因子分析结果如表 5.12 所示，内向型开放式创新 IO 与外向型开放式创新 OO 的题项被分为两个维度，与预期完全符合。因此维度划分合理，量表可以使用。

表 5.12 开放式创新量表的探索性因子分析结果

维度	题项	因子	
		1	2
内向型开发式创新（IO）	IO1	0.767	
	IO2	0.703	
	IO3	0.857	
	IO4	0.776	
	IO5	0.684	

续表

维度	题项	因子	
		1	2
外向型开放式创新（OO）	OO1		0.662
	OO2		0.691
	OO3		0.643
	OO4		0.737
	OO5		0.660

（3）服务创新绩效量表效度检验。根据收集的数据对服务创新绩效部分量表进行 KMO 和 Barlett 球形检验，根据表 5.13 的结果显示，KMO 大于 0.8，且显著性小于 0.05，可以进行探索性因子分析。

表 5.13　　　　　制造企业服务创新绩效的 KMO 和 Barlett 球形检验

Kaiser–Meyer–Olkin Measure of Sampling Adequacy		0.864
Bartlett's Test of Sphericity	Approx. Chi–Square	1365.548
	Df	45.000
	Sig.	0.000

探索性因子分析结果如表 5.14 所示。服务创新绩效的所有题项被分为两个维度，且符合预期维度分布，量表可以使用。

表 5.14　　　　制造企业服务创新绩效量表的探索性因子分析结果

维度	题项	因子	
		1	2
过程绩效（PP）	PP1		0.799
	PP2		0.779
	PP3		0.793
	PP4		0.698
结果绩效（OP）	OP1	0.831	
	OP2	0.758	
	OP3	0.621	
	OP4	0.727	
	OP5	0.751	
	OP6	0.796	

通过以上分析结果表明，问卷整体信度、分量表信度及各维度信度较高，符合研究要求，可以使用。且效度检验中，三个分量表的 KMO 值和显著性均符合要求，探究性因子分析中维度的划分基本符合研究要求，量表在删除个别题项后，将在正式收集数据后再进行信效度的分析。

5.5　回归前初步分析

1. 单因素方差分析和独立样本 T 检验

本部分的主要目的是考察调查问卷中各人口统计学变量（行业、企业规模、职位、所有制形式）对中介变量（开放式创新）及因变量（服务创新绩效）的影响作用，具体操作步骤为：一是，采用相关分析判断与开放式创新、服务创新绩效存在相关关系的人口统计学变量有哪些；二是，通过单因素方差分析（One-Way ANOVA）或独立样本 T 检验来具体分析每个相关人口统计学变量对人力资本和组织绩效的影响。

根据表 5.15 的分析结果显示，企业规模与开放式创新的相关系数为 0.269，Sig. < 0.05，因此存在显著正相关关系，企业规模与服务创新绩效相关系数为 0.327，Sig. < 0.01，同样存在显著的正相关关系，因此，本书需要对企业规模与开放式创新、服务创新绩效之间的关系进行进一步分析，具体方法如图 5.2 所示。

表 5.15　　　　　　　　　　　**相关分析**

变量	方法	行业	所有制形式	企业规模	员工职位
开放式创新	Pearson 相关性	−0.105	−0.116	0.269*	0.174
服务创新绩效	Pearson 相关性	−0.015	0.158	0.327**	0.102

注：* 表示结果在 10% 水平上显著，** 表示结果在 5% 水平上显著，*** 表示结果在 1% 水平上显著。

由相关分析得到企业规模与开放式创新、服务创新绩效均显著相关，且企业规模是非二分变量，因此根据上文分析方法图，本研究需要采用单因素方差分析（One-Way ANOVA）来对开放式创新和服务创新绩效在不同企业规模上的情况进行考察。方差齐性检验（Homogeneity Test of Variance）的结果见

表 5.16。显著性 Sig. 值分别为 0.015 和 0.023，方差齐性假设均不成立，因此继续运用方差分析方法图中的 Brown-Forsythe 鲁棒性检验对其进行分析。统计结果见表 5.17，开放式创新和服务创新绩效在企业规模上均存在显著差异（Sig. 值均小于 0.05），因此继续通过 Tamhane's T2 方法进行两两多重比较，检验结果见表 5.18。

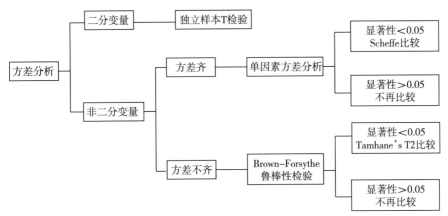

图 5.2　方差分析方法

表 5.16　　　　　　　　　　企业规模的方差齐性检验

变量	Levene 统计量	显著性	是否齐性
开放式创新	3.112	0.015	否
服务创新绩效	4.235	0.023	否

表 5.17　　　　　　　　　企业规模的均值相等的鲁棒性检验

变量	方法	统计量	df1	df2	显著性
开放式创新	Brown-Forsythe	2.930	0.015	43.906	0.044
服务创新绩效	Brown-Forsythe	3.259	0.023	46.489	0.030

表 5.18　　　　　　　　　　企业规模的多重比较结果

因变量	企业规模	企业规模	均值差	标准误差	显著性
开放式创新	1~99 人	100~499 人	−1.21500*	0.08607	0.025
		500~999 人	−0.6571	0.24872	0.085
		1000 人及以上	−2.52333*	0.07220	0.012

因变量	企业规模	企业规模	均值差	标准误差	显著性
开放式创新	100~499 人	1~99 人	1.21500*	0.08607	0.025
		500~999 人	−0.46071	0.24483	0.357
		1000 人及以上	−0.30833	0.22497	0.704
	500~999 人	1~99 人	0.67571	0.24872	0.085
		100~499 人	0.46071	0.24483	0.357
		1000 人及以上	−1.15238*	0.07504	0.049
	1000 人及以上	1~99 人	2.52333*	0.07220	0.012
		100~499 人	0.30833	0.22497	0.704
		500~999 人	1.15238*	0.07504	0.049
制造企业服务创新绩效	1~99 人	100~499 人	−0.29875	0.24975	0.815
		500~999 人	−0.60857	0.22795	0.094
		1000 人及以上	−1.58556*	0.08594	0.003
	100~499 人	1~99 人	0.29875	0.24975	0.815
		500~999 人	−2.30982*	0.07285	0.016
		1000 人及以上	−0.28681	0.19461	0.628
	500~999 人	1~99 人	0.60857	0.22795	0.094
		100~499 人	2.30982*	0.07285	0.016
	1000 人及以上	1~99 人	1.58556*	0.08594	0.003
		100~499 人	0.28681	0.19461	0.628
		500~999 人	0.02302	0.16570	0.080

注：* 表示结果在 10% 水平上显著，** 表示结果在 5% 水平上显著，*** 表示结果在 1% 水平上显著。

从表 5.18 可得，开放式创新在企业规模为 1~99 人与 100~499 人、1~99 人与 1000 人及以上，500~999 人、1~99 人与 1000 人及以上均存在显著的差异（显著性水平都小于 0.05），在均值差上分别相差 1.22、2.52、1.15。但是在其他企业规模的比较中无显著差异。服务创新绩效则在企业规模为 1~99 人与 1000 人及以上、100~499 人与 500~999 人存在显著的差异，均值差分别为 1.59 和 2.31。因此，本书中介变量和因变量均在企业规模这一人口统计学变量上存在显著差异。

2. 相关性分析

对模型进行检验之前，需要先对各变量间做相关性分析，同时判断模型外的其他变量是否会对模型中的关系产生影响。我们用 KA 表示外部知识搜索，KS 表示知识共享，KC 表示知识共创，O 表示开放式创新，IO 表示内向型开放式创新，OO 表示外向型开放式创新，P 表示服务创新绩效，PP 表示过程绩效，OP 表示结果绩效。由分析结果可知，三种知识获取方式：外部知识搜索、知识共享和知识共创均与开放式创新及开放式创新的两个维度——内向型开放式创新和外向型开放式创新有显著相关性。同时，外部知识搜索、知识共享和知识共创与服务创新绩效及其维度——过程绩效和结果绩效都显著相关。因此，可以进一步探索其相关关系，如表 5.19 所示。

表 5.19　制造企业知识获取方式、开放式创新及服务创新绩效间的相关性分析

变量	相关性	KA	KS	KC	IO	OO	PP	OP	O	P
KA	Pearson 相关性	1								
	显著性（双侧）									
KS	Pearson 相关性	0.428**	1							
	显著性（双侧）	0.000								
KC	Pearson 相关性	0.559**	0.572**	1						
	显著性（双侧）	0.000	0.000							
IO	Pearson 相关性	0.536**	0.427**	0.580**	1					
	显著性（双侧）	0.000	0.000	0.000						
OO	Pearson 相关性	0.268**	0.357**	0.395**	0.522**	1				
	显著性（双侧）	0.028	0.003	0.001	0.000					

变量	相关性	KA	KS	KC	IO	OO	PP	OP	O	P
PP	Pearson 相关性	0.599**	0.442**	0.623**	0.594**	0.392**	1			
	显著性（双侧）	0.000	0.000	0.000	0.000	0.001				
OP	Pearson 相关性	0.462**	0.352**	0.511**	0.325**	0.235	0.622**	1		
	显著性（双侧）	0.000	0.003	0.000	0.007	0.000	0.055			
O	Pearson 相关性	0.458**	0.448**	0.557**	0.867**	0.877**	0.546**	0.320**	1	
	显著性（双侧）	0.000	0.000	0.000	0.000	0.000	0.000	0.008		
P	Pearson 相关性	0.579**	0.434**	0.621**	0.475**	0.336**	0.871**	0.926**	0.463**	1
	显著性（双侧）	0.000	0.000	0.000	0.000	0.000	0.000	0.000	0.000	

注：* 表示结果在 10% 水平上显著，** 表示结果在 5% 水平上显著，*** 表示结果在 1% 水平上显著。

5.6　回归分析

1. 知识获取方式与制造企业服务创新绩效的回归分析

在验证了知识获取、开放式创新、服务创新绩效相关性的基础上，本部分将进一步通过回归分析了解各个变量及各变量维度间的关系。根据本书的研究思路，知识获取有三种不同的形式：外部知识搜索（KA）、知识共享（KS）和知识共创（KC）。以外部知识搜索、知识共享、知识共创为自变量，服务创新绩效为因变量，做一元回归分析，得出的结果如表 5.20~ 表 5.25 所示。

表 5.20　　外部知识搜索与制造企业服务创新绩效的一元回归模型

模型	R^2	F
1	0.107	7.796
2	0.471	43.930

表 5.21　　　　外部知识搜索对制造企业服务创新绩效的回归分析系数

模型	标准回归系数 β	t	Sig.
常数	0.327	2.792	0.007
外部知识搜索	0.300	4.065	0.000

表 5.22　　　　知识共享与制造企业服务创新绩效的一元回归模型

模型	R^2	F
1	0.107	7.796
2	0.654	101.060

表 5.23　　　　知识共享对制造企业服务创新绩效的回归分析系数

模型	标准回归系数 β	t	Sig.
常数	0.327	2.792	0.007
知识共享	0.339	3.807	0.000

表 5.24　　　　知识共创与制造企业服务创新绩效的一元回归模型

模型	R^2	F
1	0.107	7.796
2	0.483	46.492

表 5.25　　　　知识共创对制造企业服务创新绩效的回归分析系数

模型	标准回归系数 β	t	Sig.
常数	0.327	2.792	0.007
知识共创	0.389	4.598	0.000

由表 5.20~表 5.25 可知，外部知识搜索、知识共享、知识共创均在 0.001 水平上显著，对制造企业服务创新绩效有正向影响，假设 H3-1、H3-1a、H3-1b、H3-1c 得到验证。

2. 开放式创新与制造企业服务创新绩效的回归分析

本书研究中将开放式创新分为内向型开放式创新（IO）与外向型开放式创新（OO）。以内向型开放式创新与外向型开放式创新为自变量，制造企业服务创新绩效为因变量，做一元回归分析，得出的结果如表 5.26 和表 5.27 所示。

表 5.26　　　　　　开放式创新与制造企业服务创新绩效的回归分析

模型	R^2	F
1	0.107	7.796
2	0.429	11.633

表 5.27　　　　开放式创新对制造企业服务创新绩效的回归分析系数

模型		标准回归系数 β	t	Sig.
1	常数	0.327	2.792	0.007
2	IO	0.502	4.255	0.000
	OO	0.190	1.051	0.297

由以上结果可以看出，内向型开放式创新显著性水平 Sig. 值为 0.000，即结果在 0.001 水平上呈显著性，内向型开放式创新与制造企业服务创新绩效间确有线性回归关系，内向型开放式创新的标准化回归系数 β 值为正，也说明内向型开放式创新对组织绩效有显著的正向影响，假设 H3-2 及 H3-2a 成立。外向型开放式创新显著性水平 Sig. 值为 0.297，即外向型开放式创新对制造企业服务创新绩效的影响不显著，假设 H3-2b 不成立。

3. 知识获取方式与开放式创新的回归分析

以外部知识搜索、知识共享、知识共创为自变量，开放式创新为因变量，做一元回归分析，得出的结果如表 5.28~表 5.33 所示。

表 5.28　　　　　　外部知识搜索与开放式创新的回归分析

模型	R^2	F
1	0.149	11.414
2	0.296	20.340

表 5.29　　　　　外部知识搜索对开放式创新的回归分析系数

模型	标准回归系数 β	t	Sig.
常数	0.269	2.248	0.028
外部知识搜索	0.501	4.510	0.000

表 5.30　　　　　　　知识共享与开放式创新的回归分析

模型	R^2	F
1	0.149	11.414
2	0.654	42.046

表 5.31　　　　　　知识共享对开放式创新的回归分析系数

模型	标准回归系数 β	t	Sig.
常数	0.269	2.248	0.028
知识共享	0.647	6.484	0.000

表 5.32　　　　　　　知识共创与开放式创新的回归分析

模型	R^2	F
1	0.149	11.414
2	0.486	30.284

表 5.33　　　　　　知识共创对开放式创新的回归分析系数

模型	标准回归系数 β	t	Sig.
常数	0.269	2.248	0.028
知识共创	0.389	4.598	0.000

由以上结果可以看出，外部知识搜索、知识共享、知识共创显著性水平 Sig. 值均为 0.000，即在 0.001 水平上呈显著性，三个自变量与开放式创新确有线性回归关系，标准化回归系数 β 值均为正，也说明外部知识搜索、知识共享、知识共创对开放式创新均有显著的正向影响，假设 H3-3 及 H3-3a、H3-3b、H3-3c 成立。

4. 开放式创新的中介效应检验

作为中介变量，在自变量知识获取影响因变量制造企业服务创新绩效的基础上，开放式创新应受到自变量知识获取的影响，并对制造企业服务创新绩效产生影响。同时，加入中介变量开放式创新后，自变量知识获取对因变量服务创新绩效的影响减弱。如果加入中介变量开放式创新后，自变量对因变量的影响不再显著，则此中介变量有完全中介作用，为完全中介。如果假如中介变量开放式创新后，自变量对因变量的影响显著性下降但并未消失，则中介变量有部分中介作用，为部分中介。自变量三种知识获取方式对中介变量开放式创新及因变量制造企业服务创新绩效的影响在前文已证实，开放式创新对制造企业服务创新绩效的影响也已验证。下文将通过回归分析验证开放式创新的中介作用。

由表 5.34 的结果可看出，外部知识搜索与制造企业服务创新绩效在 0.001 显著性水平上正向相关，将开放式创新引入回归方程后，开放式创新与制造企业服务创新绩效在 0.001 水平上显著相关，而外部知识搜索的标准化系数由 0.300 下降至 0.104，显著性下降，其与制造企业服务创新绩效间的关系减弱，开放式创新是外部知识搜索与制造企业服务创新绩效间的部分中介变量。

表 5.34　开放式创新对外部知识搜索与制造企业服务创新绩效的中介结果

模型	制造企业服务创新绩效		
	标准化系数	T 值	显著性
常数 1			
常数 2			
外部知识搜索	0.300	4.0665	0.000
常数 3			
外部知识搜索	0.104	1.6490	0.044
开放式创新	0.671	7.9500	0.000

由表 5.35 可知，知识共享与服务创新绩效在 0.001 显著性水平上正向相关，将开放式创新引入回归方程后，开放式创新与服务创新绩效在 0.001 水平上显著相关，而知识共享的标准化系数由 0.339 下降至 0.148，显著性降低，其与服务创新绩效间的关系减弱，开放式创新是知识共享与服务创新绩效间的部分中介变量。

表 5.35　开放式创新对知识共享与制造企业服务创新绩效的中介结果

模型	制造企业服务创新绩效		
	标准化系数	T 值	显著性
常数 1			
常数 2			

模型	制造企业服务创新绩效		
	标准化系数	T 值	显著性
知识共享	0.339	3.807	0.000
常数 3			
知识共享	0.148	2.217	0.030
开放式创新	0.563	5.874	0.000

由表 5.36 可知，知识共创与制造企业服务创新绩效在 0.001 显著性水平上正向相关，将开放式创新引入回归方程后，开放式创新与制造企业服务创新绩效在 0.001 水平上显著相关，而知识共享的标准化系数由 0.389 下降至 0.169，显著性降低，其与制造企业服务创新绩效间的关系减弱，开放式创新是知识共创与制造企业服务创新绩效间的部分中介变量。综上所述，假设 H3-4、H3-4a、H3-4b、H3-4c 得到验证。

表 5.36　开放式创新对知识共创与制造企业服务创新绩效的中介结果

模型	制造企业服务创新绩效		
	标准化系数	T 值	显著性
常数 1			
常数 2			
知识共创	0.389	4.598	0.000
常数 3			
知识共创	0.169	2.574	0.013
开放式创新	0.608	7.336	0.000

5.7　结果与讨论

通过本章的数据分析，大部分假设得到了验证，一个假设被拒绝。假设检验结果总结如表 5.37 所示。

表 5.37 假设检验结果总结

假设	假设内容	验证结果
H3-1	知识获取方式影响制造企业的服务创新绩效	支持
H3-1a	外部知识搜索对制造企业的服务创新绩效有积极影响	支持
H3-1b	知识共享对制造企业的服务创新绩效有积极影响	支持
H3-1c	知识共创对制造企业的服务创新绩效有积极影响	支持
H3-2	开放式创新对制造企业服务创新绩效有积极影响	支持
H3-2a	内向型开放式创新对制造企业服务创新绩效有积极影响	支持
H3-2b	外向型开放式创新对制造企业服务创新绩效有积极影响	拒绝
H3-3	知识获取方式影响开放式创新	支持
H3-3a	外部知识搜索对开放式创新有积极影响	支持
H3-3b	知识共享对开放式创新有积极影响	支持
H3-3c	知识共创对开放式创新有积极影响	支持
H3-4	开放式创新在知识获取与制造企业服务创新绩效间起中介作用	支持
H3-4a	开放式创新在外部知识搜索与制造企业服务创新绩效间起中介作用	支持
H3-4b	开放式创新在知识共享与制造企业服务创新绩效间起中介作用	支持
H3-4c	开放式创新在知识共创与制造企业服务创新绩效间起中介作用	支持

（1）假设 H3-1、H3-1a、H3-1b、H3-1c 得到验证，即知识获取三种不同的方式外部知识搜索、知识共享和知识共创均可促进制造企业服务创新绩效。制造企业的服务创新使企业打破旧的产品结构，涉足新的服务领域，知识获取为企业带来了最为重要的知识资源和积累能力，帮助企业获得服务创新的成功。而外部知识搜索、知识共享和知识共创从不同主体、不同方式获取到不同层次的知识，均可支持服务创新绩效。

（2）假设 H3-2 及 H3-2a 得到验证，即内向型开放式创新支持制造企业的服务创新绩效。内向型开放式创新使企业获取外部资源知识，并将外部获取的资源知识转化为企业自身能力，通过外部信息优化企业内部的资源配置。准确地判断市场趋势，针对企业客户提出解决方案并及时获得反馈，均可提高企业服务创新的效率，提升创新的成功率。

（3）假设 H3-3 及 H3-3a、H3-3b、H3-3c 得到验证。外部知识搜索、知识共享与知识共创正向影响企业的开放式创新。通过与外界的各种知识交流，获取新知识有利于企业感知外部环境，并与其他企业达成进一步的合作，进行内向型的开放式创新，也有利于企业成为知识源向外输出创新成果。

（4）假设 H3-4 及 H3-4a、H3-4b、H3-4c 得到验证。即开放式创新是知识获取各维度与制造企业服务创新绩效的中介变量。其中，开放式创新在外部知识搜索与服务创新绩效间起部分中介作用，在知识共享与服务创新绩效间起部分中介作用，在知识共创与服务创新绩效间起部分中介作用。通过外部知识搜索、知识共享、知识共创，企业获得原本不具备的、跨领域的外部知识，知识获取后通过各种途径内化为企业能力，从而支持企业的服务创新，获得绩效与竞争力。

（5）假设 H3-2b 未得到验证。即外向型开放式是创新对制造企业的服务创新绩效没有显著的正向影响，因此外向型开放式创新也无法在知识共创与制造企业服务创新绩效中起中介作用。关于开放式创新的研究中，外向型开放式创新的研究远少于内向型开放式创新，关于其对创新绩效的影响学者也未得出一致结论。本书认为，外向型开放式创新对制造企业的服务创新绩效没有显著正向影响原因有两个方面：首先，外向型开放式创新是将企业作为知识的输出方，将企业内部的知识共享到企业外部。对于吸收企业外部知识源的知识，企业往往有较高的主动性与意愿，但出于对企业内部资源、专利及机密性知识的保护，企业会对向外输出知识有较高的警惕性，外向型开放式创新开展程度要远低于内向型开放式创新，因此对服务创新绩效的正向推动作用不明显。其次，外向型开放式创新中，企业可能会为其他企业的创新提供建议、解决方案，或根据顾客的需求出售定制化服务。这需要双方企业间有高度的信任，需要在获得收益之前有较高的关系投入。而目前我国制造企业的服务创新发展时间尚短，可能对于外向型开放式创新行为还在探索与投入阶段。随着时间的推移与服务创新模式的成熟，相信外向型开放式创新会成为制造企业服务创新绩效的推动力之一。

5.8　本章小结

本书在回顾知识获取理论与制造企业服务创新相关研究的基础上，结合开放式创新理论，研究了知识获取与制造企业服务创新的关系，构建了知识获取、开放式创新、制造企业服务创新绩效的关系模型。在全国范围内随机选取中国境内提供服务的制造业 201 家，探索了不同的知识获取方式对制造企业服务创新绩效的影响机制，并探讨了开放式创新的中介作用。本部分主要运用 SPSS 对收集的数据进行分析，具体操作如下：首先进行描述性统计、信度和效度分析；其次在问卷数据具有一定的可靠性和有效性的基础上，对其进行单因素方差分析和独立样本检验；最后在符合诸多条件之后，进行相关分析以及回归分析，对提出的相关假设进行验证并得出最终结果。

第6章 制造企业服务创新影响因素之
动态能力因素研究

基于对制造企业服务创新的内部维、外部维、交互维影响因素的研究发现，制造企业服务创新过程中不仅需要注重企业内部要素（一线员工、组织创新氛围、战略柔性、组织合法性），更需要与顾客、供应商加强互动，从而获得知识、信息、技术等资源；进而将内外部资源进行整合、利用，最终促进服务创新绩效的提升。而在资源整合利用以及服务创新活动的实施过程中，动态能力发挥着关键作用，其深嵌于企业的运营过程中，会对企业的行为、惯例或流程产生直接而深刻的影响，并最终促使企业实现内外部资源的获取、整合与重构，实现绩效的提升与可持续竞争优势的获取。因此本章将基于动态能力视角，结合进行服务转型制造企业的实际情境，更深入地探求动态能力对制造企业服务创新的内在影响机理，为制造企业服务创新竞争优势来源提供更为深入的理解。

6.1 模型构建

1. 组织学习与动态能力的关系

动态能力理论强调企业在面对动荡的外部环境时，必须建立和不断更新自身的能力，才能更好地适应环境，而这依赖于企业自发且不间断进行的组织学习。由于目前理论界对动态能力的测度尚未建立一致的标准，因而对于动态能力和组织学习间关系的研究仍未形成体系。然而学者们普遍认同动态能力的演变与组织学习的发展是统一的过程。组织学习对动态能力的演变发挥着十分重要的作用，解释动态能力的核心要素就是组织学习。动态能力的发展呈现渐进状态，当市场动态性较为适度时，动态能力的进化注重的是相似条件下体现出的差异性，而在高动态性的市场环境下，动态能力的演变则依赖于成长路径的不断调整。在此过程中，组织学习将引导动态能力的演变，并且路径依赖将以组织学习为基础。伊斯特比等（Easterby et al.）在系统性地梳理组织学习与动态能力关系的相关研究后，指出"组织学习可以提升动态能力"的观点已经在学术界得到广泛认同，并进一步指出，无论是探索式还是利用式学习，都对增强动态能力有正向作用。

国内外研究中，有很多学者基于知识观对组织学习和动态能力的关系进行过研究。知识在组织能力构建和企业价值得以实现方面发挥着不可替代的关键作用，通过组织学习，新的知识和技能得以形成。佐洛和温特（Zollo and Winter）立足知识演化视角，指出动态能力实质是一种集体性的学习行为演化的结果，组织学习使得企业的经营惯例得以系统性地建立与修正，从而提升企业的经营效率与绩效表现。也有学者基于知识管理的视角系统探讨了知识、组织学习和动态能力间的联系，塞佩达和维拉（Cepeda and Vera）提出，企业通过组织学习获取的新知识渗透于组织流程中，并在整个组织层面传递开来，使知识形成特定的惯例与制度，从而有助于企业管理效率的提升以及动态能力的构建。莱文塔尔（Levinthal）的研究也显示，知识的演化是动态能力演化的源泉，而知识演化的途径在于组织学习。

此外，也有部分学者基于组织学习过程与方式的视角对动态能力和组织学习间的关系展开研究。艾森哈特和马丁（Eisenhardt and Martin）提出，组织学习的主要过程（重复试错与修正、知识编码与知识解构）和企业所处的市场环境共同对动态能力的建立与提升发挥影响。沃格尔（Vogel）从组织学习方式的角度出发，指出即兴学习、试错学习与实践学习对动态能力起到的影响各有不同，当企业的运作流程趋于规范时，实践学习对动态能力的作用逐渐提升，而即兴学习对动态能力的影响程度却会降低，试错学习影响动态能力的曲线呈现倒"U"型。此外，部分学者将组织学习划分为学习承诺、共享意愿和开放心智三个维度，通过实证研究的方法，分析得出组织学习正向促进动态能力的提升。

综上所述，本书认为组织学习对动态能力有促进作用。

2. 动态能力与服务创新战略导向的匹配关系

服务创新战略是创造竞争优势的前提，面对变革剧烈、不可预测的外部环境，战略得以发挥作用的关键在于对环境的应变能力与变革能力，即动态能力。动态能力可以被视为深嵌于组织内部的、通过调动资源以实现适应市场变化的惯例的集合。动态能力重新配置并更改了企业的资源与运作流程，虽然竞争对手有可能获得与企业相似的资源，然而企业拥有的不同动态能力发挥的作用导致企业表现出的战略定位与竞争优势截然不同。达维等（Doving et al.）在研究中通过大量的调研数据证实了企业所制定的战略差异性是由于动态能力存在差别。因此，服务创新制造企业在选择战略导向时，并不仅仅取决于利润最大化的目标，而是根据企业具备的动态能力来决定，即企业内部最擅长的行为模式或惯例与企业的战略导向应实现最佳匹配。

综上所述，本书认为动态能力与服务创新战略存在一定的匹配关系，当二者相匹配时制造企业能实现较好的服务创新绩效。

3. 动态能力与制造企业服务创新绩效的关系

现有研究指出，动态能力是管理者用来改变资源基础和制定新的价值创造战略时预先存在的组织与战略惯例。艾森哈特和马丁提出，在追求长期竞争优势时，动态能力可以增强现有的资源配置。在非线性和不可预测的竞争环境中，管理者"整合、构建和重新配置内部和外部资源以应对快速变化的环境"的能力是保持竞争优势的源泉。

已有不少学者通过实证方法验证动态能力与企业绩效间存在正相关关系，在服务创新情境下，制造企业可以通过动态能力破除无效的路径依赖特征，进而对资源进行重新配置，有助于企业选择一条更能适应环境的路径，从而使企业无论在短期财务绩效还是长期竞争优势方面都有良好的表现。具体而言，动态能力的环境感知、资源攫取、资源重构三个维度共同作用，实现企业服务创新绩效的提升。

第一，环境感知能力的构建意味着企业能从动荡的外部环境中发现并识别服务创新机遇，这有助于企业培养创新信心并提高服务创新成功率。环境感知能力对制造企业服务创新绩效的提升主要基于以下两种渠道：一是，较高的环境感知能力代表企业善于从多种途径搜索外部知识与信息，如顾客需求、竞争者战略计划、供应商行动等。即时而全面的信息有助于企业制定与外部环境和内部资源条件相适应的战略决策，并稳健地推动服务创新进程，从而使企业服务创新的成功率得到极大提升。二是，环境感知能力强的企业所具备的知识积累较为丰富，而企业收集到的过去一段时间的知识有助于识别市场中涌现的新技术，以及较为准确地预测未来市场和技术发展趋势。第二，资源攫取意指企业为了抓住机遇，而与客户进行密切沟通、更改服务流程、管理服务渠道以及重新设计商业模式等。资源攫取能力促使企业在服务交互与服务设计的过程中，有能力针对客户的多样化、个性化需求，设计最合适的产品、服务和解决方案，从而使企业能抓住机遇，获取服务价值。第三，资源重构的过程伴随着企业认知与观念的更新，这对服务创新进程的推动具有战略意义。整合和重构企业内外部的资源也有助于提升资源柔性与协调性，从而加速服务创新。此外，由于企业中不同声音的存在，对资源的整合与重构必然离不开各种合作性的争辩，通过频繁的头脑风暴法以及民主决策，企业得以在建设性冲突中明晰战略前景，做出最优的决策。因此，本书认为动态能力对制造企业服务创新绩效有促进作用。

综合以上文献分析与理论推导，本书初步构建出图 6.1 所示的理论模型。

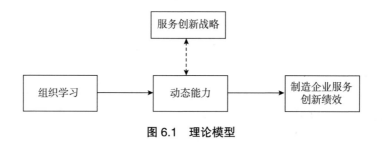

图 6.1　理论模型

6.2　方法设计

1. 研究方法选择

本书采取双案例研究方法，主要基于以下考虑：

第一，案例研究隶属于实证研究领域中的定性方法，通过对某一案例进行系统的观察、整理以及描述性、解释性或探索性的分析，寻找此前未被发现的崭新变量或变量间的关系。众多学者已经证实案例研究方法在构建新理论以及丰富现有理论方面具有无可替代的关键作用。案例研究方法在解决"如何"和"为什么"类型的研究问题方面有天然的适用性，并且案例研究能对复杂的案例对象做充分的考察、整理与分析。本书的研究主题在现象层面具有典型性，在内容层面也较为复杂。本书需要明确一系列"为何"和"怎样"类型的问题，如"动态能力为什么会影响服务创新绩效"以及"动态能力怎样影响服务创新绩效"等，与案例研究方法的特征相吻合。并且制造企业服务创新情境下的动态能力研究仍处于起步阶段，虽然得到了部分学者的关注，但该领域的概念、特征与理论体系尚处在探索阶段，未形成完备的理论分支，需要基于具体案例情境进行分析，由此才能使相关研究向更深层面发展。

第二，纵向案例研究是一种可以在至少两个时间节点对同样的案例对象展开研究的方法，通过对长时间大跨度的案例资料进行分析，案例对象的动态发展过程与其独有的情景能得到清晰的展现，从而可以达到系统的理解与掌握。本书的研究主题涉及动态能力、组织学习模式以及服务创新战略等诸多要素的演化过程，采用纵向案例研究可以建立清晰明确的时间轴，有助于揭示组织现象中的动态演变过程。

第三，案例研究的内在逻辑与定量研究中追求大样本量以求使结论更为普适的逻辑迥然不同，案例数量是根据理论抽样的需求及案例在研究中起到的作用而决定，若增加案例数量能帮助所构建的理论框架趋于饱和，则增加案例数量就是有必要的。本书在质性数据分析与理论框架构建之间不断往复迭代，由此确定采用双案例研究方法以达到理论饱和。通过案例内分析以及双案例对比分析，可以更直观地比较不同企业间的相似点与差异点，从而确保案例研究的内外部效度，使研究结果更具稳健性。

2. 案例选择

艾森哈特指出，案例研究在样本选择上遵循的是理论抽样的原则，目的是筛选出能满足理论发展需求的样本，从而对现有理论进行补充或开拓崭新的理论。案例样本必须符合理论发展需求而选取，并非采用随机抽样的方法。按照上述理论要求，本书对样本企业的选取主要基于如下标准：（1）行业类型属于制造业，有实施服务创新的实际行动或战略计划；（2）在行业内已经有很长的发展时间，其服务创新历程呈现明显的阶段性；（3）服务创新在企业中受到较高程度的重视，并且企业日益将资源向服务创新方面倾斜。

基于以上标准的约束，遵循案例选取的典型性原则，兼有考虑数据的可得程度，本书选取青岛海尔股份有限公司（以下简称"海尔"）和深圳华为技术有限公司（以下简称"华为"）两家企业的服务创新案例进行研究。首先，二者都隶属于制造业，海尔是家电制造企业，华为是通信设备制造企业，并且二者都在各自行业内占据了领先竞争地位，是服务创新领域的典型案例；其次，两家企业自进入行业开始已经有了数十年的发展历程，经历了多个变革阶段，其服务创新过程是逐步演变而来的，且二者都曾经面临或是正在经受服务转型的困境，服务创新在企业发展中占据重中之重的地位，与本书的研究主题相符。因此，对海尔和华为两家企业服务创新的历程及转型成功的原因进行探索与分析，能较好地契合本研究的目的。两家案例企业的基本情况如表 6.1 所示。

表 6.1　　　　　　　　　　案例企业简介（基于 2018 年数据）

企业名称	海尔	华为
成立时间	1980 年	1987 年
行业类型	家电制造业	电子通信设备制造业
员工人数	87000 余人	190000 余人
主导产品	冰箱、冷柜等厨用电器以及家用空调、热水器、电视机等	涉及通信网络中的交换网络、传输网络、无线及有线固定接入网络和数据通信网络及无线终端产品
营业收入	2661 亿元	7212 亿元

资料来源：依据企业公开信息自行整理。

3. 数据收集

案例研究结论具有高信度的一个重要保障在于数据收集来源多样化并且数据之间能互相印证。多层次多来源的案例数据形成的三角验证能提供客观性和准确性较强的信息，从而使案例研究所得理论更加稳健。因此，本书通过多种渠道进行一手数据和二手数据的收集，具体包括深度访谈、资料收集以及现场调研等。

一手数据。一手数据的获取主要通过深度访谈的方式。依据本书研究主题提前设计访谈提纲，课题组成员自 2018 年 12 月开始，先后通过视频会议及实地走访的方式与海尔和华为两家案例企业管理者进行深度交流。并通过邮件、微信等方式进行后续的沟通与信息补充，以便更深入掌握两家企业的服务创新经历。其中，海尔的访谈对象包括顾客服务推进部副总经理、技术支持与服务标准化部助理、运营中心总监等 6 人，华为的访谈对象包括终端交付与服务部副总经理、服务研发管理部工程师、行业解决方案部助理等 5 人。访谈情况汇总如表 6.2 所示。

表 6.2　　　　　　　　　　　案例企业访谈情况

企业	时间	访谈类型	被访者任职部门	访谈时间
海尔	2018 年 12 月	视频会议	技术支持与服务标准化部、商用空调产业互联工厂、运营中心	2.5 小时
	2019 年 9 月	实地走访	顾客服务推进部、市场创新部、流程系统创新部	4 小时
华为	2019 年 5 月	视频会议	营销与解决方案部、终端交付与服务部、企业技术服务部	2 小时
	2019 年 12 月	实地走访	行业解决方案部、服务研发管理部	3.5 小时

访谈提纲依据两次访谈阶段分别设置：第一次访谈以半结构化形式为主，访谈问题设置较为开放，访谈目的主要在于了解受访企业的服务提供动因，为客户提供的服务业务类型，服务创新过程中的主要事件，受访企业对服务创新、动态能力及组织学习的理解，以及受访企业在服务创新过程中遇到的挑战及应对措施，通过开放式提问尽可能挖掘受访者对访谈问题的实质见解；第二次访谈以初次访谈结果及所收集的资料为基础，访谈提纲所设置的问题较为集中，访谈问题集中于受访企业对组织学习与动态能力间关系的认识、动态能力与服务创新战略匹配程度的理解，以及动态能力对服务创新绩效影响的看法。

二手数据。二手数据的来源主要包括：（1）档案记录，通过企业官网、官方论坛、粉丝社区、官方微信公众号及百度搜索等渠道查询两个案例企业与服务创新相关的报道，并分别查阅各案例企业中高层讲话、宣传资料、内部刊物等存档资料以及相关书籍、报纸等，收集服务创新相关信息，如案例企业的服务创新阶段、服务创新战略演变、为组建服务而采取的举措等；（2）文献资料，通过中国知网、万方、Web of Science 等国内外主要的文献数据库检索与案例企业服务创新相关的研究文献，并从获得的文献资料中提炼案例素材（能力要素、服务创新战略及服务举措等）；（3）年度报告，通过巨潮网收集海尔和华为的年度报告。以两家案例企业的年度报告为基础素材，从中摘录企业各年度的服务提供类型及服务业务组建历程等关键信息。

4. 数据编码与数据分析

本书对收集到的一手数据与二手数据进行数据编码，其目的是从大量定性数据中抽离、提炼出核心构念及构念间的关系，进而得出理论模型。本书编码的原则主要是：（1）同一文档中（如相同职位的受访者的访谈记录、相似主题的文档等）相同或相近的表述只记为1条条目；（2）将编码结果定期汇总并在课题组会议以及师门同学交流中进行讨论；（3）在统计条目数量时，将不同来源的条目合并计入总条目数中；（4）编码过程中若发现前期编码存在不确切之处，或有新的发现，则经过与专业老师和同学讨论后，对前期编码进行修改和更新。

在以上原则指引下，本书具体采用如下步骤进行编码。

第一步，根据资料来源对数据做一级编码。将一手资料统一编为F，所有受访者的访谈记录和企业调研得到的数据依次标号为F1和F2；所收集到的企业内部资料、官网信息、学术文献及相关著作等二手资料统一以S开头进行编码。通过对一手数据和二手数据的初始编码，得到包含391个条目的条目库。一级编码情况汇总如表6.3所示。

表6.3　　　　　　　　　　　　一级编码情况

数据来源	数据类别	编码	条目数量
访谈及企业调研	通过深度访谈所得数据	F1	81
	通过企业调研所得数据	F2	60
二手资料	通过企业内部材料所得数据	S1	58
	通过公司网站所得数据	S2	41
	通过学术文献所得数据	S3	40
	通过媒体报道所得数据	S4	45
	通过书籍著作所得数据	S5	39
	通过搜索工具所得数据	S6	27

第二步，将一级条目根据理论预设分为四个类别进行编码，包括组织学习、动态能力、服务创新战略导向和服务创新绩效。经过第二步编码，剔除了16个初始编码，最终确定355个二级编码条目。

第三步，根据组织学习、动态能力、服务创新战略导向和服务创新绩效构念下的二级子构念进行三级编码，最终确定337个条目数。构念测量关键字举例及编码条目数如表6.4所示。

表 6.4　　　　　　　　　　　　构念关键字举例及编码条目数

构念	测量维度	关键字举例	条目数量
组织学习	探索式学习	陌生领域、自主研发、冒险、新知识	27
	利用式学习	经验积累、技术引进、提炼、总结、优化	31
动态能力	环境感知能力	外部信息搜索、机会识别、威胁识别	39
	资源攫取能力	兼并收购、资金筹集	34
	资源重构能力	组织重构、能力打造、优化、整合	41
服务创新战略	基础附加服务提供	产品附属服务、完善现有服务	30
	衍生增值服务提供	个性化、定制、顾客需求	27
	集成解决方案提供	组合服务、解决方案	40
服务创新绩效	短期财务绩效	销售收入、市场份额、利润率	35
	长期竞争优势	行业地位、品牌价值、企业口碑、顾客满意度	33

6.3　案例分析

6.3.1　海尔案例分析

本书通过包括深度访谈、资料收集以及现场调研等多种渠道对海尔公司的相关数据进行收集。海尔集团于 1984 年成立，在 30 余年的发展历程中，从最初资不抵债、濒临破产的一家冰箱生产小厂，成功发展壮大为全球范围内领先的覆盖家电、金融、物流、地产、生物制药等多领域的智慧生活解决方案提供商。2018 年，海尔集团实现全球营业额 26611 亿元，同比增长 10%，全球利税总额突破 330 亿元，实现同比增长 10%。目前，海尔在全球建立了十大研发中心、25 个工业园区、122 个制造中心，旗下涵盖包括海尔、卡萨帝、Candy、AQUA、费雪派克等多个智能家电品牌；日日顺、COSMOPlat 等服务品牌，以及海尔兄弟等文创品牌。海尔连续 10 年在世界权威市场调查机构欧睿国际发布的全球家电品牌排名中位居第一。海尔首席执行官张瑞敏在 2015 年和 2017 年连续两度被选入"全球最具影响的五十大管理思想家"。

依据海尔服务创新的时间轨迹，本书将海尔的服务创新发展历程划分为如表 6.5 所示的三阶段。

表 6.5 海尔服务创新阶段划分

时间	转型阶段	服务特性	服务创新战略
1984~1997 年	探索阶段	以产品为中心	基础附加服务提供
1998~2005 年	成长阶段	关注顾客个性化需求	衍生增值服务提供
2006 年至今	深化阶段	深入满足顾客特定需求	集成解决方案提供

1. 探索阶段（1984~1997 年）

（1）动态能力。此阶段，海尔集团的感知能力体现在公司的决策者十分清醒地意识到产品专利在竞争中的作用。国内外竞争对手最近的动向如何？他们正在开发何种新产品？我们的产品与他们的新产品之间有何差距？此类问题都得到了海尔集团决策者们的重点关注，正是基于这些考虑，海尔人不遗余力地构建与完善信息网络，提出"依靠信息占领市场并控制市场"的方针。为此，海尔集团综合利用 IT 技术，构建基本的采购、入库以及订单等系统，使订单执行速度得以有效提升。此外，海尔进行了全方位的业务流程再造。为了最大限度地获取外部资源，海尔开始着手兼并重组的扩张行动，1995 年海尔收购青岛红星电器公司，此后相继兼并顺德洗衣机厂、黄山电视机厂、贵州风华电冰箱厂等 18 家企业。在管理模式的改进方面，张瑞敏创新性地提出 OEC 模式（"日事日毕，日清日高"），其核心是要求对每名员工每天所做的每件事进行梳理与控制，实现"日事日毕，日清日高"。OEC 模式体现了一种渐进式、阶梯式的改善理念，主张只有好的过程才能产生好的结果，由原来仅仅控制结果转向对工作过程的控制。

（2）组织学习。海尔在发展初期技术水平较为落后，此阶段只能依靠引进国外关键性技术与设备保证产品质量，并结合国内市场实际情况融入一些基础服务以丰富产品效用和提升顾客体验。此阶段张瑞敏提出了"起步晚、起点高"的技术引进原则，通过频繁地引进技术和管理流程丰富自身的知识体系与经验积累。典型事件例如：在技术学习方面，1984 年海尔集团设立技术科，派遣技术员工远赴德国参加培训学习，并与德国利勃海尔公司签订技术引进合约，吸纳其质量控制技术，构建亚洲首条四星级双门电冰箱生产线。在此后的 6 年时间中，海尔不断外派技术人员学习，将当时 2000 多项国际先进的冰箱生产技术知识进行了消化吸收，同时引进了 ISO 国际标准及德国 DIN 标准等先进的标准体系。另外，在先进管理流程的学习方面，1989 年，海尔集团深入学习了泰勒科学管理方法以及日本全面质量管理（TQC）等管理方法，并以此为基础制定了以日清工作原则为核心的 OEC 管理流程。另外，仿效 GE 推行"六西格玛"管理方针，实现全面的生产过程质量管理。由此可见，此阶段海尔的组织学习方式主要是以吸纳技术、经验及设备为代表的利用式学习，通过将外部知识为我所用，海尔在短时间内迅速增加了知识积累与经验沉淀。

（3）服务创新战略导向。海尔在 1984 年最初成立之时便确立了质量为先的发展方向，严格把控产品质量。海尔文化中深刻植入的"质量意识"最典型的体现是"砸冰箱"事件。然而随着冰箱技术的发展、完善与逐渐稳定，凭借产品制造优势领先的海尔不断受到其他同类型厂商的模仿与挑战。在此情境下，海尔提出打"价值战"而非"价格战"的策略，推出了围绕产品销售展开的配送、安装、调试及维修维护等服务，以期维系原有客户源，并开拓新的客户群。此类服务具有非营利性，是依托于海尔成熟的制造技术，为提升产品竞争力、提振市场份额而展开，此阶段服务的价值主要是为产品的传输与功能发挥提供保障。为了给用户提供优质的配送、安装、维修等售后服务，海尔设计了严格、完善的服务模式。如"1+5"服务标准，"1"指的是为客户提供的服务一次就要做到最好，不返工不拖延；"5"是指每次上门服务时要为客户提供五项增值服务，分别是安全检测、维护保养、讲解指导使用、一站式产品通检及现场清理。随后"1+5"服务标准进一步升级为 365 管家式服务，从售前阶段的上门设计，到售中电话咨询、购买指引，再到售后阶段的免费送货、上门安装、检修维护，客户可以享受到全阶段无微不至的服务。

（4）服务创新绩效。历经十余年的发展，海尔集团的总营业收入与营业利润远超行业内竞争对手，成为国内家电行业的龙头企业。1991 年，海尔凭借高质量的产品及服务，在全国首次商标评比中获得"全国十大驰名商标"称号。此外，海尔集团在 WTO 的发展大势下，启动国际化战略，产品远销海内外百余个国家和地区，逐渐扩大了国际市场占有率。

2. 成长阶段（1998~2005 年）

（1）动态能力。随着网络经济时代的到来，企业的生存与发展面临诸多崭新挑战。为了应对网络经济新趋势，海尔集团开始进行全方位的业务流程再造，将实现"三个零"作为目标，即零距离的信息流、零运营成本的资金流及零库存的物流。此外，为支撑面向个人客户的在线交易，满足顾客的个性化需求，海尔集团将 CA 公司定为总集成商，借助其力量进行电子商务平台的分析、设计与研发。在集团内部组织结构调整方面，海尔开始将物流的发展提升到更高的战略地位，致力于对物流进行专业化经营，这在世界范围内的制造业企业中都较为罕见。为此，海尔成立了专门的物流推进部，由集团副总裁直接对其负责，并在物流部门下分设三个事业部，分别为采购、储运与配送事业部，由此可见海尔集团对物流的高度重视。在组织管理模式方面，海尔提出"人的再造"，2003年正式确立将海尔每一名员工改造为能够自主管理的SBU（战略事业单位）。2005年，张瑞敏首次提出"人单合一"的全球化竞争模式，使每个员工直接面对客户，并对自己的订单负责，"人单合一"模式是对传统科层制管理模式的彻底颠覆，组织结构由层级形式转变为基于自主经营体的"倒三角"结构。与此同时，海尔进行了剧烈的薪酬制度变革，员工的收入来源由原来的"企业付薪"转为"客户付薪"。此外，由于2005年前，海尔集团内部的IT规划与管理不够集中有序，导致包括SAP、用友、吉大集成等600多个系统零散存在于企业内部，各个系统之间普遍缺乏统一的数据定义标准与数据交换接口，使得数据传输时效与质量都较差，并且系统的维护成本居高不下。为此，2005年海尔集团开始对信息系统进行全方位、大规模的改造与升级，由SAP公司对集团内部ERP进行重新规划与设计，使采购、生产、仓储及销售等集成于统一的数字化管理平台。

（2）组织学习。此阶段海尔强化自主创新，积极扩大生产与研发。1998年12月，海尔成立中央研究院，开始注重自主研发。2003年，海尔中央研究院开发国内首款拥有自主知识产权的数字电视解码芯片并量产投入使用。另外，海尔积极与外部异质性主体构建战略联盟，进行知识共享。典型事例例如1998年，海尔集团联手北京航空航天大学以及美国C-MDLD公司，合作进行CAD、CAE等软件的开发。

（3）服务创新战略导向。此阶段，海尔服务创新的核心导向是生产"用户需要"的家电产品。随着客户需求日益转向多样化与个性化，传统以产品为主导的商业逻辑无法应对市场运维的挑战，为此海尔创造性地推出同步顾客需求的个性化服务，即在售前与售后阶段与顾客增进互动，从与顾客接触中发现其独特需求，并按照需求定制产品。此类服务的价值主要体现为能快速响应顾客对产品销售环节及产品功能改进方面的个性化要求。例如，针对家庭主妇需要儿童专用洗衣机的需求，海尔专门为此类消费者提供定制版的"小神童"低容量洗衣机；由于上海地区家庭住房面积普遍较小，海尔为满足上海市场对于家电占地面积的特殊需求,先后推出了外形瘦长、纵向延伸的"小王子"冰箱及可自由拆分、组合的"双王子"冰箱;针对巴勒斯坦地区容易断电的情况,海尔为其设计了断电 100 小时仍可保温的冷柜。

(4)服务创新绩效。在这一发展阶段,海尔针对客户个性化需求的服务提供使得顾客满意度与忠诚度都有很大提升,在一定程度上提高了品牌知名度,有顾客表示,"买海尔家电的一个最重要原因就是海尔的服务质量好"。此阶段海尔的财务绩效也有良好表现,2004 年海尔实现总营业收入 1016 亿元,成为国内家电行业首个营收破千亿元的企业。

3. 深化阶段(2006 年至今)

(1)动态能力。此阶段海尔敏锐地感知到市场动荡与竞争激烈带来的压力,家电市场趋于饱和、行业竞争趋向白热化,面对上游成本增加与下游流通不畅带来的双重打压,家电行业利润率迅速下跌。此外,海尔内部存在的问题也日益突出,与经营规模的快速扩张相伴而生的是"大企业病",组织末梢感应不灵、职能机构冗余、官僚主义与部门主义滋生等问题相继浮现。由此,海尔意识到将服务创新提升到战略高度的必要性,遂提出以高端化、差异化服务取胜的策略导向。2006 年,海尔推出了海尔全球 ERP 项目,从而构建了全球范围的信息整合平台。同年,海尔正式推出全新的家庭式网络平台"U-home",该平台为消费者提供了网络化时代的崭新生活方式,全面定义了网络家庭的新标准,标志着海尔由传统大规模制造开始转变为大规模定制。此外,为了改善服务提供水平,海尔斥巨资革新了企业内部原有的 COSMO 平台,升级后的 COSMO 平台具备提供全流程解决方案的重要功能。在企业内部管理模式与组织架构调整方面,2007 年,海尔发起了一场为期 1000 天的流程再造行动,完成对采购、制造、物流等系统中上千个流程的改造。2015 年,海尔对组织结构设计实施了新一轮变革,将原来倒三角的组织架构转变为动态的网络组织。原来海尔对财务、信息系统及人力等职能部门进行的是垂直管理,经过调整后,海尔将各个业务单位的管理职能合并为一体,使之成为统合多职能的"三自(驱动)平台",并将其渗透入业务单位中,为业务的展开提供密切的管理支持功能。

(2)组织学习。在这一阶段,海尔正式布局全球研发资源整合平台,该平台上汇集了全球近十万个知名高校、科研机构及专家学者,此时海尔已在全球拥有五大研发中心,各研发中心既独立运营又互相协同,从而形成"世界就是我的研发部"这一开放体系,使海尔具备行业领先的创新速度。2010 年,海尔成功研发全球范围内首个白色家电送风模块标准化接口。2011年，海尔集团与霍尼韦尔开展战略合作，成立霍尼韦尔—海尔联合创新中心，双方以节能减排、低碳环保的发展目标为导向，致力于在智能控制、家用电器等多领域进行合作。2012年，海尔集团全资收购位于新西兰的费雪派克，致力于洗碗机、洗衣机的研发，使之成为全球最大规模的高端厨用电器研发基地。2016年，海尔集团与清华大学高端院、德国弗劳恩霍夫研究院进行战略合作，组建中国家电行业第一家工业智能研究院。此阶段，海尔自主研发成果的产出速度不断加快。

（3）服务创新战略导向。面对不断加剧的行业竞争、持续变更的客户需求以及"互联网+"提供的机遇和挑战，海尔将战略导向转变为智能家居解决方案提供商，致力于为消费者提供智慧互联生活定制方案，即覆盖家电产品整个生命周期的解决方案，既包括基本的安装、维修、以旧换新及租赁等服务，又提供家庭空气治理方案、洗衣定制方案、用水安全方案等。此阶段服务的价值主要体现为解决顾客对个性化家居装修方案的需求、简化繁杂的装修环节、便利售后维护等客户难题，并为客户提供便捷的一站式、标准化、快捷家装服务。正如受访人所说："过去我们是卖洗衣机的，现在我们卖的是一种生活方式，洗衣机早已不再是消费者传统印象中的洗衣机，现在家里需要的不只是一台洗衣机，还需要专业的干衣机，甚至是洗袜机、洗鞋机、洗羊绒乃至客人专用洗衣机。"典型的战略行为体现为：2011年，海尔推出"七朵云"云服务，以云服务的方式，基于智能家电所收集的数据分析用户的使用习惯，并创造与用户的持续交互，为用户使用提供建议；2014年，海尔推出"U+智慧生活操作系统"，基于这一系统，用户仅需12秒便可以实现家电、安防、窗帘及灯光等全系列智能家居终端的互联互通。2017年，海尔创新性地推出"家电贷"产品，旨在借助家电这一连接点，为用户提供消费金融服务。同年，海尔发布全球范围内首个衣物护理全系列解决方案，包括洗衣机+干衣机洗干组合、洗衣洗鞋一体机，以及高端品牌卡萨帝推出的"洗衣房+衣帽间"衣物护理中心，从而给用户带来全新的洗护体验。2018年，海尔正式成立衣联生态联盟，与服装行业、洗染行业及物联技术行业等实现跨界融合，为用户提供贯穿洗、护、搭、购、存的衣物全生命周期管理方案。

此外，海尔升级了个性化定制服务模式，突破了传统定制服务设计难、耗时长的阻碍，真正实现了大规模定制。顾客可以通过众创汇、海达源等模块根据自己的偏好选择外观、功能等方面的定制方案，或上传自己的设计方案，随后通过 COSMOPlat（海尔互联工厂）进行定制生产，客户仅需 2~3 周就可以拿到定制产品，并且从原料上线、产品组装到成品出库的全流程均为可视化，客户可通过"众创汇"等平台进行实时追踪。另外，在整体交付环节，不仅将成套家电产品交付顾客，海尔的专业化团队还会为客户提供家居装饰服务，并根据顾客需求调整设计。顾客使用过程中，海尔不仅为其提供专业的售后服务，而且借助"U+"智慧生活平台提供给客户支持性服务，如向顾客推送当季食材选用建议等。

（4）服务创新绩效。随着更深层的服务创新战略的实施与推进，海尔集团的发展态势呈突飞猛进之势，营业收入增长率取得了可喜成果，其中，2010 年与 2009 年相比，营业收入增长幅度达到 83% 之多。通过海尔的年报数据可以得知，海尔集团的产品增值服务与代理类服务收入已经超过两亿元，服务类业务实现了 20% 以上的利润贡献率，由此可见，海尔集团的服务业务由传统的成本中心成功转型到了利润中心。另外，海尔集团的国际市场占有率也有优异的表现，其中，2014 年海尔品牌的家电在国际市场的份额高达 10.2%，已连续六年在全球市场占据首位。2018 年，海尔创下了 2661 亿元的全球营业额，其中服务收入超过 150 亿元，实现了 75% 的同比增速。此外，自 2009 年开始，海尔连续十年蝉联全球大型家电品牌零售量第一，并获得了国际权威市场调查机构欧睿国际评定的"连续十年全球家电第一品牌"称号。

4. 案例小结

从上述案例分析中可以看出，海尔服务创新发展历程中体现出三种动态能力，并对其服务创新实践起到了重要作用，各动态能力维度及微观基础总结如表 6.6 所示。

表 6.6　　　　　海尔服务创新中的动态能力及其微观基础

动态能力维度	典型证据引用	微观基础
环境感知能力	我们作为一家电器企业，既然为用户服务，（用户）买了冰箱，为什么不接着给他提供洗衣机，提供更多相关的产品和服务呢？能让用户感到便利，有满意的体验才是最关键的……其实很多需求都是客户自身不知道的，我们的每个小微的创客组织都对应一个消费层级，我们和相应层级的客户互动，为客户引领潮流，挖掘出他们潜在的需求（访谈记录）	客户需求感知

续表

动态能力维度	典型证据引用	微观基础
环境感知能力	我们建立的 COSMOPlat 是在全球范围内都领先的定制解决方案平台，这个平台简单来说，就是把各个相关的利益方都整合到一起，做增值分享，它不再是以前那种零和博弈，而是各个相关的利益者都能增加利润……我们会定期组织各级经销商召开"产品定制开发讨论会"，从经销商那里收集不同区域用户的特征、使用习惯等，鼓励经销商也投入到产品方案开发中（访谈记录）	外部利益相关者感知
	海尔十分注重创新合伙人，他们包括领先用户、科研人员、工程师等，现在海尔已经建立了"10+N"的研发布局，10 指的是在全球有十大研发中心，N 指的是无穷无尽的创新资源……海尔时刻关注物联网、人工智能等技术的发展，可以说，是物联网技术真正把我们的家电从传统电器变成一个网器（访谈记录）	技术更迭感知
	以冰箱为例，我们给用户提供的不再仅仅是冰箱储存食品的功能了，而是与有机食品加工企业联系在一起，为用户提供更优质的食品来源，也就是由卖产品向卖服务转型（访谈记录）	服务供给能力感知
资源攫取能力	海尔洗衣机所有的变化，都来自不间断的用户交互……海尔频繁地跟家装设计师互动，因为很多智慧家庭的设备、电器都要与房间最初的设计相匹配。我们会对智慧家庭的设计师进行培训，使他们更好地了解海尔的产品（访谈记录）	合作交互
	（智慧生活方案开发的关键）不在于技术，而在于我们如何培养消费习惯、挖掘用户使用场景……海尔由原来的一个以家电产品为中心的制造型企业转变成现在这样一个孵化创客的平台企业，让全球创客都能借助海尔的平台创业（访谈记录）	服务开发
	我们把产品和服务深入到每个社区和村庄……每个店本身不仅仅是门店，而且是一个体验中心，要关怀消费者，让你和消费者形成长久的交互关系（访谈记录）。 2018 年海尔首次推出由特种车辆改装的流动服务站，旨在升级服务体验，打通智慧家庭入户的最后一个关卡，服务站进驻社区，极大提高了用户响应速度与服务质量（二手资料）	服务交付

动态能力维度	典型证据引用	微观基础
资源攫取能力	其他做服务转型的企业大多做的是交易，客户买了产品就离开，而海尔做的是交互，是永远要和顾客之间不停地互动，海尔一直不断为顾客解决需求和难题……海尔正在建立一个生态圈，这个圈层以用户为中心，海尔可以为用户提供解决方案，创造高利润，而不是依靠价格战的方式胜出（访谈记录）	价值获取

续表

动态能力 维度	典型证据引用	微观基础
资源重构 能力	目前我们在 iHaier 平台（海尔内部工作交流平台）上做了很多创新，如对数据的洞察、对商业的智能分析，能够即时地通过移动平台推送到整个业务团队，实现信息共享，并让员工能快速做出反应（访谈记录）	服务知识 创造
	海尔在 2005 年首次推出人单合一模式，要求每个员工直接面向客户，为客户创造价值，这是对传统组织模式的完全颠覆。我们充分强调企业平台化、员工创客化、用户个性化。我们打破科层制的组织结构，建立了一个网络组织，一个平台型企业（访谈记录）	服务网络构建
	海尔收购了日本松下电器旗下的三洋，后来又收购了美国通用的家电业务（二手资料）	创新体系升级
	海尔进行了剧烈的薪酬制度变革，员工的收入来源由原来的"企业付薪"转为"客户付薪"（二手资料）。 海尔很注重激励创新机制，尤其是对原创性创新有很完善的激励政策……采用人单合一模式，把每个人的价值和创造的用户价值连起来，如果员工的想法和方案创造了用户价值，那员工就有利益分成（访谈记录）	绩效评价完善

资料来源：本表涉及的数据来源于企业访谈记录、企业公开信息等。

通过上述案例分析可以发现，只有在企业的动态能力与服务创新战略相匹配时，才能带来服务创新绩效的提升。在海尔服务创新的探索期，面对竞争激烈且产品同质化严重的市场环境，海尔提出打"价值战"而非"价格战"的策略，将重心放在用户服务方面，为顾客提供基于产品的基础附加服务，从而提升了顾客满意度，使企业在高手如林的竞争中脱颖而出，迅速确立了品牌形象与市场地位。

在服务创新成长期，海尔抓住网络经济的机遇，意识到顾客需求将日益呈现个性化与多样化，因而海尔将自身的服务创新战略向更深层次推进，致力于更好地满足顾客个性化需求。此阶段海尔开始开发附加值更高的衍生服务，尤其注重为用户提供个性化定制服务。通过设立独立的服务部门、进行业务流程再造、实施"人单合一"模式等一系列举措，海尔的动态能力水平得到显著提升。与此同时，企业内部的资源配置结构开始变更为向服务倾斜，大幅提升了服务创新的频率与质量，从而使海尔的营业收入得到新一轮提升，品牌影响力更加显著。

在海尔服务创新深化阶段，基于行业竞争现状及网络经济下顾客需求的升级，海尔开始实施集成解决方案提供的服务创新战略，着重为顾客提供高端差异化服务，推出一整套智慧生活解决方案。凭借完善的服务网络、平台化的组织模式、创客化的员工理念，海尔已然具备了充分的集成解决方案提供能力。因而海尔的销售收入与利润稳步上升，并且服务利润占比得到迅速发展，服务业务已成为企业重要的利润来源，服务创新绩效显著。案例总结如表 6.7 所示。

表 6.7　　　　　　　　　　　　　　海尔案例小结

构念	阶段	（1984~1997 年）	（1998~2005 年）	（2006 年至今）
组织学习	探索式学习	—	成立中央研究院、参与和主导研发	建立全球五大研发中心、与外部开展战略合作，共同研发
	利用式学习	引进技术和管理模式、委派人员赴德国培训学习	—	—
动态能力	环境感知能力	打"价值战"，紧盯用户体验	抓住网络经济机遇、满足顾客个性化需求	高端化、差异化取胜
	资源攫取能力	兼并收购，建立入库、订单等系统	提供电商新服务，提供面向个人消费者的线上交易	推出"U-home"平台，利用 COSMOPlat 进行大规模定制生产
	资源重构能力	业务流程再造、实施 OEC 管理模式	人单合一模式、建立独立的物流服务部门	千日流程再造；构建动态的网络组织；企业平台化、员工创客化
服务创新战略	基础附加服务提供	实施	—	—
	衍生增值服务提供	—	实施	—
	集成解决方案提供	—	—	实施
服务创新绩效	短期财务绩效	营业收入与营业利润远超业内竞争者	2004 年总营业收入达 1016 亿元，国内家电行业首个破千亿元企业	连续六年在国际市场份额占比位居首位；2018 年服务收入超过 150 亿元，增速达 75%
	长期竞争优势	荣获中国驰名商标、品牌形象建立	顾客满意度与忠诚度上升，品牌知名度提高	连续十年蝉联全球家电第一品牌

资料来源：本表涉及的数据来源于企业访谈记录、企业公开信息等。

6.3.2 华为案例分析

深圳华为技术有限公司于 1987 年创立，作为一家涵盖生产、销售及产品服务系统开发的综合性电信设备商，华为的业务范围包括通信网络的基础设施、智能终端以及服务解决方案提供等。创办初始由一个默默无闻的小公司，经过近三十年的发展历程，华为已成长为全球范围内领先的通信设备制造商及通信解决方案提供商，目前华为的业务范围覆盖全球 170 多个国家和地区，服务近 30 亿人口。2017 年，华为全球品牌知名度达到 86%，实现了同比增长 100%，首次跻身全球前三。

由于华为在 1992 年之前一直从事的是交换机代理业务，并未进入通信设备制造领域，因而本书剔除 1987~1992 年的部分，对 1993 年至今的时间段展开研究。依据华为服务创新的时间轨迹，本书将华为的服务创新发展历程划分为如表 6.8 所示的三个阶段。

表 6.8　华为服务创新阶段划分

时间	转型阶段	服务特性	服务创新战略
1993~2000 年	探索阶段	以产品为中心	基础附加服务提供
2001~2003 年	成长阶段	以产品为中心	基础附加服务提供
2004 年至今	深化阶段	深入满足顾客特定需求	集成解决方案提供

1. 探索阶段（1993~2000 年）

（1）动态能力。20 世纪 90 年代华为刚刚成立时，适逢我国通信行业蓬勃发展时期，面对巨大的市场潜力，众多生产厂商与科研院所都致力于提升自身技术实力，纷纷涌入市场容量很大的数字控机生产销售领域，由此产生了大规模的市场竞争。面对复杂的外部形势，华为通过深入调研市场，发现国外通信设备巨头企业以及国内主要竞争对手一般占据人口较密集、科技水平较高的一、二线城市，而我国农村地区由于订单需求量相对较少以及消费水平较低等因素，鲜有企业涉足。华为紧紧抓住这一关键机会，以县级市场和乡镇市场作为切入点，首先保证生存，继而实施农村包围城市策略，随后拓展到整个国内市场。华为对市场洞察之犀利的另一个佐证是率先进军 3G 领域。在 20 世纪 90 年代末 2G 技术依然占据市场主流时，任正非敏锐地感知到技术的突破式发展将带来的机会，果断将 3G 作为研发重点，投入了大量资金及人力资本，成功确立了在 3G 领域的优势。此外，华为引入 IBM 管理咨询顾问，对企业内部进行了大范围、深层次的业务流程再造，原有的部门式管理结构被破除，转变为以业务流程为核心的扁平式组织结构。

（2）组织学习。华为公司的创立者任正非总裁一贯主张向国内外优秀企业借鉴与学习，华为不仅向竞争对手学习，还向客户学习。尤其在企业成立之初，华为自身技术能力与生存经验都不够充沛，因此主要采取利用式学习方式。《华为基本法》在刚颁布之时便强调，"我们认为人力资本不断增值的目的优先于财务资本增值，而人力资本增值依靠的不是炒作，只能依靠组织学习。"

1997 年，任正非率领团队去美国参观学习，先后访问了美国 IBM 公司、惠普公司以及休斯公司，向这些知名企业学习技术发展及管理经验。每次访问学习结束后，任正非都会召集员工开总结会议，学习吸收访问笔记中的精华，并整理出完善的访问记录带回国内传达给公司各层。这样的学习热情是很多民营企业所无法达到的，而这也保证了华为始终具备旺盛的探索精神与蓬勃的发展动力。

（3）服务创新战略导向。处在竞争激烈的市场环境下，华为的生存与发展本身就面临较大阻力，而此时华为的技术能力在国内处于中等偏下水平，产品质量性能缺乏优势，此时，华为不得不探寻新的发展路径。此阶段华为的服务创新战略体现为提供给客户"终身、免费、保姆式"的服务。具体包括如下方面：一是将已有的服务项目进行扩展，增添新服务环节。华为最初提供的技术支持与技术响应服务涵盖于设备安装、调试及保修期内等阶段，在扩展服务内容后，对设备运行阶段及保修期外阶段也提供同样水平的服务，从而形成了覆盖产品全生命周期的服务体系。二是对服务流程进行改进和优化，使现有服务质量得以显著提升。例如，华为对远程技术支持服务进行了精巧而全面的设计，首先基于相关标准，对设备问题按照严重性和影响程度分为由低到高三个级别，根据不同层级的问题类型安排不同的服务响应时间与服务水平，将服务过程分解为服务建立和技术支持两个维度，并细分为 15 个环节，详细规定每个服务环节的工作内容。三是改进服务风格与服务形式。华为内部设立了 24 个层级的服务任职体系，定期对员工进行专业培训，并且建立了服务行为规范制度，确保一致的服务质量与风格。

（4）服务创新绩效。华为"保姆式"的服务成为其在同行中脱颖而出的有力武器，通过细致而优质的服务提供，华为不仅建立了与顾客的紧密联系，而且通过服务弥补了自身技术上的欠缺，实现了不错的市场业绩。任正非回忆此阶段的发展历程时谈到："企业创立之初，我们的产品质量不是最有竞争力的，但我们依靠覆盖全国范围的三十多个维修点周到而及时的售后服务弥补了质量上的不足。"在实施服务创新战略期间，华为的销售收入实现了快速增长，销售收入从 1993 年的 4.1 亿元攀升到 2000 年的 22 亿元，增长率高达 60%。接受访谈的企业人员也表示："当时中兴是华为的一个十分重要的竞争对手，虽然我们和中兴的很多产品在技术先进程度和稳定程度方面差异不大，但中兴的市场占有率却不及华为的一半。"由此可见，华为的竞争优势明显来源于技术能力之外的因素，而访谈对象也明确表示是华为高质量的服务起到了重要作用。此外，当询问访谈人员服务创新战略对营业利润的贡献程度时，受访者提及："对利润自然是有贡献的，但是不能明确知道对利润贡献了多少。我们提供的服务都是免费的，而且任总格外强调服务，有时在产品过了两年保修期后我们也会为客户提供服务，所以服务的成本其实很高昂。"

2. 成长阶段（2001~2003 年）

（1）动态能力。自 2001 年开始，在经历了电信行业的冬天后，能存活下来的各大电信设备企业纷纷进行业务调整，更专注于产品在技术与性能方面的改进，由此导致越来越严重的产品同质化问题，行业竞争日趋激烈。华为感知到外部环境存在的威胁，开始布局更深层次的服务转型。如在组织架构的调整方面，华为开始实施"铁三角"运作模式，使顾客、产品及最终交付紧密结合为一体。"铁三角"模式彻底打破了原有的功能壁垒，构成以项目为核心的团队型运作模式。任正非曾如此阐述"铁三角"模式的精髓："我们这样设置机构的目的，就是为了赢得客户，获取利润。客户经理就是前方作战部队，后方平台的解决方案专家和交付专家等重要业务人员及其他非主要业务人员所做的一切活动是为了支持前方，并且根据需要多少来设立相应的后方组织，后方业务综合度要尽可能提升，削减其部门设置，尽量减少在内部协调方面的投入。"

（2）组织学习。此阶段，华为开始注重自主研发，组织学习模式以探索性学习为主。典型事例如 2001 年，华为在美国设立四个研发中心，并在 2003 年与 3Com 共同建立合资公司，对企业数据网络解决方案展开研究。2004 年，与西门子成立合资公司，双方共同开发通信解决方案。

（3）服务创新战略导向。2001 年，华为构建起"你赢，我赢"的服务思维，这标志着华为已经开始认识到为顾客提供优质服务、建立双方共同的利益联结的重要性。然而，华为的服务提供战略依然围绕产品展开，只不过在前一阶段服务内容与服务形式的基础上进行了改进与优化。例如，将售后服务进行产品化。华为的售后服务方案被划分为白金、金、银三个等级，为客户提供标准化和专业化的服务，并能通过差异化服务的方式满足顾客的不同需求。客户在购买相应等级和种类的服务后，就能获取对应等级的优质服务，对客户而言，服务收费的理念也能日益深入人心。

（4）服务创新绩效。此阶段华为的服务创新战略仍然是低附加值、以产品为中心的服务提供，而当时由于行业严重的产品同质化现象，华为的竞争对手们也都普遍开始注重服务创新的作用，通过完善售后服务体系、构建客户服务平台等方式提升服务体验。且由于业内技术水平的发展，产品的性能与质量均有了很大提升，使得运营商对支持产品的服务的敏感度下降，而对价格更为敏感。由此导致华为服务创新战略带来的竞争优势不再显著，华为的增长势头趋于缓慢，2001 年销售收入 255 亿元，增长率降低到 16%。2002 年华为销售收入首次出现负增长，仅为 175 亿元。

3. 深化阶段（2004 年至今）

（1）动态能力。此阶段华为仍然面临较高的市场竞争强度，其竞争对手不仅包括国外通信行业巨头如苹果、三星等，还包括国内势均力敌的竞争者如中兴等。另外，随着通信行业整体技术水平的提高以及用户需求的多样化与个性化趋势，传统电信运营商的定位逐步转变为能提供全业务的信息服务商。华为顺应发展大势，敏锐地意识到转型迫在眉睫，因此开始着手开发各类业务数据，发展全方位业务。为了适应服务创新战略的变革，华为对管理架构进行了全方位调整，由原来基于设备、软件、终端等业务部门的划分方式，转换为根据顾客类型的划分方式，成立面向个人用户、企业用户和运营商用户三大客户群的组织架构，并在 2014 年新成立专门的服务部门"ICT 融合的产品与解决方案组织"。

（2）组织学习。华为总裁任正非深知，学习型组织最重要的资源是高质量人才，因而华为将人力资源开发视为一项重要任务。此阶段，华为极其重视员工培训及储备人才的培育。2018 年，华为与广州大学软件学院合作，共同设立"华为创新实验班"，由双方共同培养，在毕业求职时，针对有意入职华为的学生，将对其择优录取。据统计，截至 2020 年，华为已在全国一百余所高校设立"华为信息与网络技术学院"，这已然成为华为培养后备军的一条重要途径。此外，华为仍持续重视自主研发，其研发投入高达销售收入的 10%，2017 年欧盟委员会针对全球范围内企业的研发投入进行统计，其发布的研发投资榜单显示，2004~2017 年华为的研发投入国际排名上升了 200 位。另外，华为依然注重与外部科研机构及合作企业联手，共同构建研发联盟。典型事件如 2006 年华为与摩托罗拉合作成立上海联合研发中心，并在 2007 年与 Global Marine 和赛门铁克分别成立合资公司。

（3）服务创新战略导向。华为在该阶段的服务创新战略开始转向为用户开发系统的解决方案。访谈者明确表示，服务创新战略的改变主要是基于两方面考虑。首先，通信行业整体市场趋于饱和，且设备同质化现象已经十分严重，单纯依靠高性能、高质量的产品并不能摆脱激烈的竞争，只会造成越来越缓慢的增长，甚至面临发展停滞，而"提供专业系统的服务方案所带来的利润远超过设备的利润"。其次，向服务解决方案提供商的转变是一个系统工程，需要强大的技术能力作为支撑，企业必须熟悉甚至掌握整个运营商网络中的各类技术，而华为在这一时期的技术实力已得到了显著提升，有更大的空间进行战略选择，有能力寻求突破式的服务创新战略，从而创造新的增长机遇。此阶段华为的服务创新战略主要是针对顾客特定需求，为其设计并开发定制性的服务解决方案。自 2004 年开始，华为开始从事针对电信运营商核心网络的业务，包括核心网的设计、优化与管理，并为昆明电信、非洲和中东等多个地区的电信运营商提供服务解决方案。在 2005 年中国举办的国际通信展中，华为将"服务创造价值"作为参展主题，展示了自主开发的数据集成、宽带网络运营以及网络安全保障等多领域的全套的专业解决方案，这标志着华为更高层次的服务创新战略开始正式全面实施。华为的服务对象不仅局限于电信运营商，还包括金融、交通、电力等多个行业的服务解决方案需求客户。如华为在 2006 年为上海地铁设计了一整套轨道交通智能通信方案，2010 年针对招商银行的需求，为其开发了一款远程金融服务方案。并且华为凭借其在金融领域解决方案研发的专业性与高质量，在 2011 年获得我国金融行业"客服中心优秀服务商"的称号。

2013 年，华为开始推行"大服务 1.0"战略，旨在与合作伙伴携手，挖掘客户潜在需求，为客户提供更具满意度的服务，形成系统完善的服务体系。2019 年，华为确立了服务新定位，开始实施"大服务 2.0"计划，目的是通过构建高品质的服务产业联盟，为顾客提供一致性的服务体验。

集成解决方案提供的战略导向为华为开拓了崭新的客户渠道，极大地扩展了华为的业务覆盖范围。截至 2016 年，华为智慧城市解决方案已在全球 40 多个国家的一百多个主要城市投入应用；在金融领域，华为全渠道银行解决方案已服务于全球范围内 300 多家金融机构；能源领域，华为开发出全连接电网解决方案；交通领域，华为推出智慧机场、数字轻轨等解决方案，已同行业内 60 多家企业展开合作。

（4）服务创新绩效。此阶段通过提供系统性的行业解决方案，华为的绩效水平得到突破式提升。2004 年华为实现了近 320 亿元的营业收入，比 2003 年同比增长 45%。即使在 2008 年国际金融危机的冲击下，华为的营业收入增长速度仍稳定在 40%，与过去四年增长幅度没有太大差异。在营业利润方面，华为也有不错的表现。在访谈中华为的高层管理者指出："提供专业服务产品的利润比单纯提供设备要高得多，可以实现至少 40% 的利润率……通过近几年大规模销售服务产品，公司的销售收入和利润率都有了持续提升。"2015~2018 年，华为中国区服务业务的年复合增长率平均在 50% 以上，与超过 2300 家合作伙伴建立了业务联系。2019 年，华为获得中国 ICT 服务连续十年"十大领军企业"称号。

4. 案例小结

从上述案例分析中可以得出，华为在服务创新过程中体现出三种动态能力，并对其服务创新产生了重要影响，各维度动态能力及微观基础汇总如表 6.9 所示。

表 6.9　　　　　　　　华为服务创新中的动态能力及其微观基础

动态能力维度	典型证据引用	微观基础
环境感知能力	华为发展的动力归根结底在于客户需求，如果一个公司没有在战略上匹配客户的诉求，势必只能边缘化，而无法成为核心供应商。客户的关键诉求大体可以从两个维度归纳，分别是架构维度上的覆盖多场景需求，以及时间维度上保证架构运营的长期性（访谈记录）	客户需求感知
	我们在强调自身发展的同时，也会时刻关注竞争者在市场上的活动，了解竞争者的客户、供应商是哪些，合作了何种项目，以及未来的发展动向是怎样的……在比较偏远的市场，我们会借助服务网络中的 CSP（华为认证服务伙伴）的力量收集当地客户信息（访谈记录）	外部利益相关者感知
	为了掌握 ICT 行业的发展态势，华为每年都会参加很多国际性的展会，如国际消费电子展、世界人工智能大会……华为设立了很多研发中心，在知识产权领域投入了巨量资金，因为只有这样才能加速带动服务创新，有助于实现服务差异化（访谈记录）	技术更迭感知

续表

动态能力维度	典型证据引用	微观基础
环境感知能力	原来华为的业务聚焦于电信运营商，现在我们把业务铺开，同时为运营商、企业及终端消费者提供有针对性的服务，这对企业综合能力的要求非常高（访谈记录）	服务供给能力感知
动态能力维度	典型证据引用	微观基础
资源攫取能力	华为服务新定位的基础就是构建服务产业联盟，与分布在各类行业组织内的合作伙伴联手，为客户提供一致性服务（访谈记录）	合作交互
	我们每年都会投入大量资金进行服务解决方案的研发，并持续迭代（访谈记录）	服务开发
	华为正在将服务交付从"最后一公里"升级到"最后一厘米"，我们的服务网络在不断下沉，在偏远地区的市场中，主要凭借经过我们授权和认证的服务合作伙伴，向客户提供服务，当然前提是对他们进行完善的管理和培训（访谈记录）。华为拥有一千多个备件库，可以支持170余个国家及地区的备件服务，其中66个国家或地区的重要城市仅需4小时即可提供服务（二手资料）	服务交付
	我们通过对项目的不断实践与经验积累，已经有能力为政府、医疗、交通等行业提供有针对性、个性化的服务解决方案。对客户来说，若服务解决方案定价太高的话，即使再好的服务顾客也可能不愿接受，但没办法，客户的方案要求都是特别个性化的，需要专门定制，无法推广，所以成本很高，如果客户不愿付高价，那我们也无法做（访谈记录）	价值获取
资源重构能力	华为一直将知识管理作为一项变革性工作展开，我们把做得好的服务解决方案的经验沉淀下来，记录到公司内部数据库中，为其他方案的制定提供经验与思路。有些方案在进行一些改动后，还可以推广到其他项目中（访谈记录）	服务知识创造
	我们致力于构建无处不在的服务网络，要实现协同，不仅是资源的相互配合，更重要的是协调好伙伴间的关系。通过联手众多合作伙伴，我们将打通线上线下渠道，让客户随时随地都能找到华为，另外，我们也可以通过网络的联结，主动为客户提供服务（访谈记录）	服务网络构建
	华为一直坚持将每年的销售额拿出至少10%用以研发，其他支出都可以削减，但研发投入不能减少……华为内部建立起了微创新文化，我们跟客户不断进行高频次的沟通，在20多年间已经开发出了面向客户需求的数千个微创新……华为与外部机构如摩托罗拉、英特尔、IBM等建立联合实验室，并与西门子、赛门铁克等公司创立合资企业（访谈记录）	创新体系升级
	我们鼓励员工对已有方案改进或是做出创新，公司内部已经建立了一套多元化、多层次的人才激励机制。公司对每项方案都要求有依据可查，因为需要这些详细的项目材料用以支撑绩效考评及方案的反思和改进（访谈记录）	绩效评价完善

资料来源：本表涉及的数据来源于企业访谈记录、企业公开信息等。

　　综合以上华为的案例分析可以得出，制造企业在选择服务创新战略时，应考虑与其所具备的动态能力相匹配。总体而言，华为的服务创新战略主要体现为两种，分别是基础附加服务提供（第一、第二阶段）和集成解决方案提供（第三阶段）。

　　首先，在华为服务创新的探索阶段，由于市场环境较为复杂且竞争程度较高，而华为欠缺足以与竞争对手抗衡的技术能力和高性能、高质量的产品优势，因而适时地选择基础附加服务提供战略，即围绕产品提供一系列附加服务。其次，在服务创新成长期，持续激烈的市场竞争与更为严重的产品同质化现象，使得各大电信设备企业纷纷寻求转型之路，服务战略在整个行业中广为实施。此时，尽管华为的动态能力在前一阶段的基础上有了一定的发展，但并未寻求服务创新战略的更新，依旧实施产品主导逻辑下的基础附加服务提供战略。而该阶段客户已经对基础服务失去了敏感度，因而服务提供对其绩效提升作用不再显著，甚至由于服务的高成本而造成了绩效降低。在华为服务创新的深化阶段，随着研发实力的不断增强，华为的技术能力有了突飞猛进的发展，从而有更大的战略选择空间。此阶段华为采取更改组织架构、成立单独的"产品和解决方案组织"等一系列措施，使动态能力提升到崭新的高度。基于自身资源与能力，华为开始布局行业集成解决方案的提供，从而满足了顾客的个性化需求，重新构建起竞争优势，带动了服务创新绩效的提升。案例总结如表 6.10 所示。

表 6.10　　　　　　　　　　　　　　华为案例小结

构念	阶段	（1993~2000 年）	（2001~2003 年）	（2004 年至今）
组织学习	探索式学习	—	与西门子、3Com 等成立合资公司共同研发	与科研机构及合作企业构建研发战略联盟
	利用式学习	赴美国访问，引进技术与管理经验	—	—
动态能力	环境感知能力	农村包围城市	开始关注顾客需求，实现顾企共赢	企业定位转变为全业务服务提供商，满足用户个性化需求
	资源攫取能力	改进服务流程，优化服务质量	售后服务产品化、推出差异化服务	为多行业提供全套解决方案
	资源重构能力	业务流程再造，组织结构由部门式变为扁平式	铁三角运作模式	根据客户类型划分业务部门

续表

构念	阶段	（1993~2000 年）	（2001~2003 年）	（2004 年至今）
服务创新战略	基础附加服务提供	实施	实施	—
	衍生增值服务提供	—	—	—
	集成解决方案提供	—	—	实施
服务创新绩效	短期财务绩效	年增长率突破 60%	增长趋势放缓甚至出现负增长	2004 年营业收入同比增长 45%，2015 至 2018 年服务业务年增长率均超过 50%
	长期竞争优势	顾客满意度提升	市场地位下降	ICT 行业连续十年领军企业

资料来源：本表涉及的数据来源于企业访谈记录、企业公开信息等。

6.4　案例发现

基于服务创新理论、动态能力理论和组织学习理论，本书提出的研究框架是"组织学习—动态能力—服务创新战略—服务创新绩效"范式，结合上述对案例企业的整合与分析，可以验证组织学习影响动态能力的构建与发展，动态能力与服务创新战略相匹配，由此带动服务创新绩效的提升。本书得出的总模型如图 6.2 所示。以下部分将具体阐述所得模型的理论内涵。

6.4.1　组织学习与动态能力演化

1　服务创新情境下组织学习模式分类

组织学习包含知识的产生、吸收、共享、利用以及创造等。本书通过案例研究得出探索式学习和利用式学习是服务创新制造企业的基本学习模式。其中，利用式学习指的是对组织现有的知识进行改造、深化与升华，而探索式学习则强调脱离组织现有知识，开拓新的知识领域。在利用式学习过程中，制造企业从供应商、客户、合作伙伴等外部利益相关者中获取有关市场环境和技术的信息，使企业加深对外部环境的理解，有助于企业识别自身所面临的机会与威胁。

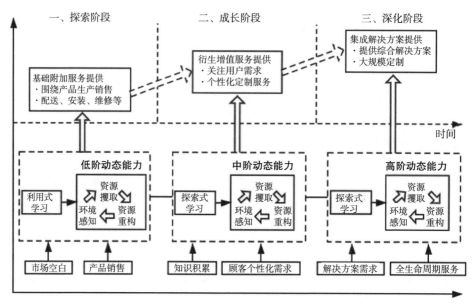

图 6.2　服务创新总模型

而探索式学习发生于企业没有成功经验得以借鉴的情况下，信息的获取依赖多方渠道，强调对新兴技术的识别，有助于企业更精准地洞见潜在商业契机，实现突破性的创新。

从案例分析中可以发现，海尔和华为两家企业在组织学习方面尽管有不同的行动与举措，但组织学习模式的发展呈现很大程度的相似性。本书将两家企业在服务创新各阶段的组织学习模式总结为表 6.11 所示。

表 6.11　　　　　　　案例企业组织学习模式发展总结

服务创新阶段	海尔	华为
探索阶段	利用式学习	利用式学习
成长阶段	探索式学习	探索式学习
深化阶段	探索式学习	探索式学习

在服务创新探索期，海尔由于技术研发水平较为落后，主要采用的是利用式学习方式，彼时海尔从德国引进了当时整个亚洲最先进的冰箱生产线，并频繁派员工赴国外培训学习及与专业技术公司签订技术引进合约，从而引进和吸

收国外关键性技术与设备知识。此外，海尔还积极学习美国和日本等国的管理流程与经验，包括以泰勒科学管理方法和日本 TQC 管理方法等，并以此为基础建立自身的 OEC 管理流程及仿效 GE 推行"六西格玛"管理方针等。华为与之类似，也采用利用式学习方式，频繁访问国外知名企业如 IBM、惠普公司等，向其学习技术发展及管理经验。可见在服务创新战略实施初期，企业由于实力薄弱，经验欠缺，只能通过从外部引入关键性技术与管理方法，实现前期的知识积累。

在服务创新成长阶段，随着知识的积淀与传递，海尔开始探索新的外部知识源搜索渠道，并进入客户导向的服务创新阶段，此时主要采取探索式学习为主的方式。这一阶段海尔由最初的外部技术引入转变为参与和主导研发过程，通过建立海尔中央研究院、与外部科研机构及合作伙伴建立研发战略联盟等方式，强化自主创新。如在研发液晶"无绳电视"时，由于此项研发所需的技术水平较高，依靠海尔自身的力量很难顺利完成。为了突破瓶颈，海尔集团联手多家专业的技术公司，开展合作研发。在利用式学习所沉淀的知识基础上，海尔已经部分掌握了核心的技术知识，并积极与外部组织进行互动合作，实现了多方合作创新、互利共赢。华为同样以探索式学习为主，体现为在国外重要战略基地建立研发中心，并与 3Com、西门子等成立合资公司，以此共同开发解决方案。

进入服务创新深化阶段，海尔的组织学习模式仍体现为以探索式学习为主。在完成了前期利用式学习和探索式学习后，海尔集团的技术实力已经有了很大提升，开始着重布局自主研发，并取得了累累硕果。海尔中央研究院多项成果均位居国内技术前列。此外，海尔集团在全球成立了包括全球信息中心、综合研究中心以及全球设计中心等在内的五大研发中心，并与高校、科研院所等展开更深层次的合作，形成"世界就是我的研发部"的开放体系，用以跟踪及捕获前沿技术。此阶段华为也主要实施探索式学习，为了更有力地推进自主研发与创新，华为开始高度重视员工培训及储备人才的培育，与数百所高校联合办学，用以储备其后备军。同时，华为继续拓展全球研发中心的数量与覆盖范围。

2. 组织学习对动态能力的影响

基于知识观和动态能力理论，进行服务创新的制造企业之所以进行能力的改变与进化，是由于潜藏于能力背后的知识无法适应环境的变化。企业能力改变的本质在于追寻新知识，并建立一整套全新的知识结构。随着外部环境的不断变更，制造企业为更好地适应环境，必然要不断更新自身能力，而变更和提升能力的主要方法是通过组织学习的方式获取和管理新的技能、知识与诀窍。动态能力演化是组织学习行为（包括经验积累、知识表达及知识编码等）共同作用的结果，组织学习能变更组织流程，从而推动动态能力演进。组织学习是动态能力建立与演变的基础。

组织学习通常反映在制造企业探索和创造新知识的行为上，以及在新环境下对现存知识的再利用，在此过程中相应的动态能力得以形成。企业在组织学习的过程中从客户、供应商及其他合作主体中识别和获取外部知识，并将吸收的知识进行分析、处理与阐释，使知识融入组织内部，进而新知识与现有知识实现融合，并且这种知识将以内隐化的形式渗透到企业的运营流程中，最终推动动态能力发展与竞争优势提升。通过组织学习机制，企业将从各种网络中收集到的知识与资源迁移到自身发展中，并在企业内部对知识进行传播、复制以及建立相应制度，进而使得企业原本存在的运营与操作能力得以更改，在此过程中增强环境洞察能力，提升资源攫取能力与重构能力。

综合以上案例分析与理论推演可以发现，制造企业在服务创新不同发展阶段采用的组织学习方式各有不同，其组织学习模式呈现逐步递进、不断深入的特点，在此过程中，制造企业的动态能力实现演变与跃进。对从事服务创新的制造企业而言，面对高速变化的动态环境，企业既需要借助利用式学习沉淀经验，并对现有的组织策略与行为错误进行修正，又需要通过探索式学习更改现有的成长路径，即对组织既定的假设产生怀疑，塑造全新的心智模式，从而激活企业高层管理者及各群体员工对外部竞争环境的高度敏感性，促使他们捕捉市场变化，及时抓住机遇，并且组织学习将促进内部知识流动、表达及内化，从而促进企业更改其现有技术与组织结构，由此带动资源攫取能力与资源重构能力的提升。

6.4.2　制造企业服务创新动态能力构成及演化分析

1. 动态能力的微观共性

通过案例分析与文献迭代，本书对服务创新情境下的动态能力维度界定进行了明确。本书借鉴了蒂斯（Teece）的研究成果，其将动态能力划分为三个维度，分别为机会发现、机会把握及机会创造能力。以此为基础，本书进一步以服务创新的相关理论为背景，对动态能力理论进行深层次的整合，最终提炼得出环境感知能力、资源攫取能力和资源重构能力三个维度。

通过案例描述与分析可以得出，制造商进行服务创新的全过程中，需要凭借多种微观基础，构建服务创新所需的动态能力，即感知环境、攫取资源和重构资源的能力，进而实现服务创新绩效的提升。

（1）环境感知能力的微观基础。本书发现，制造企业实施服务创新的过程中，必然伴随着洞察环境、筛选信息并做出系统分析，从而感知与识别外部机会。环境感知能力主要包括客户需求感知、外部利益相关者感知、技术更迭感知和服务供给能力感知。

在客户需求感知方面，由于制造企业开展服务创新的实质是从传统的以产品为中心转型到以顾客及服务为中心。服务创新很少是由于孤立的研究活动而在实验室中诞生，相反，大多数服务创新都是对客户实际需求或潜在需求的回应。服务创新制造企业在很大程度上依赖于客户共同开发和共同生产新的服务主张。因此，制造企业对顾客需求能否深入理解是决定服务创新成功与否的关键因素。然而挖掘顾客需求并非易事，因为许多顾客需求具有内隐性，很难被直接观测。并且客户需求具有多样化与潜在性，其需求范围不仅包括产品还包括服务，不仅局限于现实情境，还有未来可能发生的潜在需求。为了深入挖掘顾客需求，企业应注重市场调研，提升与顾客交流的频度与深度，甚至引导顾客参与服务开发过程。

外部利益相关者感知针对的是竞争者、合作伙伴及供应商等。制造企业服务创新开辟了差异化的竞争，使得原有的竞争局势更为激烈，因而制造企业需要对竞争者的举动有更密切的关注，并对其战略导向有一定的预测，以便发现服务机会。同时，合作伙伴、供应商均是企业服务创新系统中不可或缺的成分，有助于企业获取市场及顾客信息。

技术更迭感知强调技术的升级与变更有助于制造企业寻找服务机会。为保持对前沿技术的追随，企业应注重从外部获取信息，通过参加学术会议、行业展会及邀请专家学者交流等途径，充分获取业内信息，从而及时感知技术更迭趋势，并从中发现服务机会。

服务供给能力感知指的是企业对其内部服务开发水平、服务技能及服务资源的认知。制造企业具备的服务技能与资源不仅对识别新的服务机会有促进作用，而且还能使企业对其已有的经验知识进行系统管理，从而将其转变为服务机会。

（2）资源攫取能力的微观基础。制造企业在识别服务机会后，为了最大限度地捕获机会、攫取资源，主要包含四种行为：合作交互、方案研发、服务交付、价值获取。

在合作交互方面，制造企业需要与顾客保持密切而积极的沟通，以掌握客户流程与工作环境，并且企业与其合作伙伴及供应商也应加强沟通，建立良好的互动机制，从而为客户开发优质的服务方案。

服务研发指的是为捕捉服务机会，制造企业需要在既定的时间内提供顾客要求的解决方案。若顾客需求是结构化且具体的，企业可以基于因果逻辑为其开发方案；若顾客期待解决的问题是非结构化且不确定的，则企业需要不断探索顾客的问题及需求，摸索出解决思路，设计服务方案。

服务交付是制造企业服务创新的一大关键环节。服务交付必然离不开服务传递渠道的作用，良好的交付渠道不仅是高质量、高效率服务传递的保障，还是降低成本的重要方法。为此，制造企业往往采用自建渠道或整合可用渠道的方式，以获取服务提供的价值收益。

价值获取。制造企业服务创新的终极目的是从中得到价值加成。服务创新的价值来源：一方面取决于提供何种解决方案，这与商业模式的设计、企业边界的确定及服务转型路径的选择有关。另一方面，服务提供中产品与服务的定制化和标准化程度的比重也会影响企业的成本和收益，这点在以往研究中并未得到关注。因而在捕捉服务机会、提供定制方案时，制造企业会基于自己的价值主张，即使在顾客愿意支付高价格的情况下，也不轻易为顾客提供过于个性化或定制化的服务方案。

（3）资源重构能力的微观基础。制造企业识别外部机遇、攫取资源并抓住机遇可以实现短期的绩效提升，企业仍需对内外部资源进行重构配置，才能获取长期可持续的竞争优势。资源重构的过程中主要涵盖服务知识创造、服务网络构建、创新体系升级、绩效评价完善四项活动。

在服务知识创造方面，制造企业提供的解决方案是其知识与经验的结晶，采用系统化、结构化的手段对现有的解决方案进行管理有助于使其推广到其他问题中，因而制造企业通常对解决方案的制定过程及实施细节留有记录。同时，企业也会借鉴从其他渠道获取的服务方案，得到更多的方案积累，进而从已有的知识资源中创造出新的服务知识。此外，企业对不适用的解决方案会进行修改与优化，针对优质的方案会对其进行工业化处理，以往的定制化服务有可能借此转变为标准化服务，从而能应用于其他市场，提供给其他顾客。

服务网络构建意味着制造企业需要具备系统的服务网络及灵活的组织架构用以支撑服务创新。一方面，企业需要对服务网络进行重构，使其能适应持续变动的顾客需求与动荡的竞争环境。以往的研究也指出，制造企业提供顾客所需的服务方案时必须拥有与之适配的服务网络，因此制造企业需基于外部环境与自身战略的变动，构建高适应性与高匹配度的服务网络。另一方面，若制造企业原有的组织结构僵硬冗余、不够灵活，则应调整甚至重建组织架构，或开设独立的服务部门，从而使服务战略的执行更为顺畅。

服务创新体系有助于企业在服务模式、价值创造等方面做出创新，从而带动服务创新动态能力的全面升级。创新体系升级意味着企业需要打造具有开放性的内源式与外源式创新相结合的服务创新体系。在内源式创新方面，制造企业对员工及团队应有一定的激励与授权，培育内部创新文化。对于外源式创新，企业需采用开放式创新模式，顾客、供应商、分销商等都可能成为重要的创新来源。此外，通过兼并企业、与外部研发机构合作等方式也有助于企业迅速提升服务覆盖能力及服务产品开发能力。

绩效评价完善。现有研究指出，在原有的绩效评价体系中引入服务创新绩效考评能有效激励员工的服务创新行为，并提升企业服务能力。企业绩效评价体系中涵盖服务绩效考评不仅可以鼓励员工对客户解决方案进行修改、优化与创新，提高服务质量，还能更改原有的"以产品为中心"的企业氛围，塑造服务文化，从而提升服务创新动态能力。

本书将服务创新动态能力体系进行了总结，如图6.3所示。

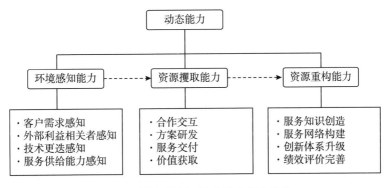

图6.3 服务创新三维度动态能力构念

2. 动态能力的分阶段作用特点

根据案例企业服务创新的阶段划分，本书对两家企业各发展阶段收集到的事件条目频次分别进行统计，用以分析其动态能力演进过程，所得结果如图6.4、图6.5所示。

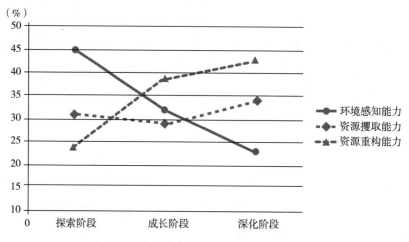

图 6.4 海尔服务创新不同阶段动态能力演化

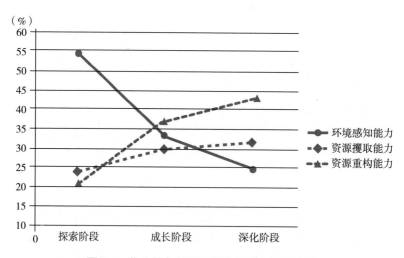

图 6.5 华为服务创新不同阶段动态能力演化

在服务创新探索阶段，由于服务创新战略实施刚刚起步，制造企业对服务创新的认知并不深入，只能在实践中不断摸索，累积经验。为了使服务提供得到客户的认可，企业需要从多方面入手，及时感知外部环境中存在的机会与威胁。这包括以最快的速度感知用户需求变化；及时了解竞争者的动向；掌握供应商及其他合作伙伴的行动，及时跟踪政策变动与国际市场发展趋势以及对企业内部变化进行适时调整等。以海尔为例，在服务创新探索期，海尔致力于构建信息网络，扩展外部信息获取渠道，提出"依靠信息占领市场并控制市场"，对内外部的敏锐感知促使海尔认识到顾客在产品之外对基础附加服务的需求与市场发展潜力。华为在服务创新初期，深入调研市场，发现竞争者在农村市场鲜有涉足，从而紧紧抓住机遇，实施农村包围城市策略。可见，在服务创新探索阶段，案例企业都主要依赖环境感知能力来搜索和识别服务创新机会。

在服务创新成长阶段，由于前期制造企业已经在摸索中积累了一定经验，此阶段面临更为深入的服务创新挑战，需要对企业内部的资源构成、组织结构等底层逻辑进行全面转换，资源重构能力成为服务创新的关键。如海尔开始更加关注顾客需求，致力于为客户提供个性化服务，为此，海尔设立了专门的物流服务部门，对物流进行专业化经营。在组织结构调整与管理模式更新方面，海尔正式推出人单合一模式，原有的科层式结构转变为"倒三角"结构。华为也同样注重资源重构能力，实施"铁三角"模式，打破原有的功能壁垒，构成以项目为核心的团队型运作模式。可见，此阶段，资源重构能力在动态能力各维度中发挥了主要作用。

在服务创新深化阶段，两个案例企业体现为主要依靠资源攫取能力和资源重构能力。在这一阶段，海尔的重心一方面仍在于资源重构能力维度，将其组织架构由"倒三角"结构转变为动态网络组织，实施企业平台化、员工创客化的组织模式。此外，资源攫取能力也有了很大提升，体现为海尔推出"U-home"平台，利用 COSMOPlat 进行个性化定制生产，从而全面定义了新服务，并成功引导顾客的消费取向。华为将部门划分方式由原来基于业务划分转变为根据顾客类型划分，成立面向个人用户、企业用户及运营商三大客户群的组织架构，并新成立了专门的服务解决方案部门。经由上述分析可以得出，正是对资源攫取和资源重构能力的重视，促使制造企业从衍生增值服务提供阶段成功跨越到集成解决方案提供阶段。

综合案例企业的发展历程可以发现，在服务创新不同阶段起主导作用的动态能力各有不同。制造企业在服务创新探索期以环境感知能力为主，在成长期以资源重构能力为主，而在深化期以资源攫取和资源重构能力为主。

6.4.3 动态能力、服务创新战略与制造企业服务创新绩效

1. 制造企业服务创新战略类型

从以上对海尔和华为两家在各自所属行业中占据领先地位的制造企业开展服务创新历程的分析中可以得出，在制造企业不同的发展阶段，基于不同的组织学习方式的作用，动态能力得以构建并演化，且在此过程中企业选择与动态能力相匹配的服务创新战略，以此实现服务创新绩效的提升。两家制造企业在不同服务创新阶段的服务业务类型和内容各有不同，但服务业务的拓展路径有一定程度的相似性。在服务创新探索阶段均从提供围绕产品的基础服务入手，其附加值较低，目的仅是促进产品销售。而在服务创新成长阶段，海尔已经将基础服务升级为紧密关注顾客需求的衍生增值服务，通过与顾客密切互动，抓住其需求痛点，为客户提供定制化、个性化服务；而华为仍采用以产品为中心的基础附加服务提供的战略导向，只是相比服务创新初期做了些许升级，包括将服务产品化、分等级提供差异化服务等。在服务创新深化阶段，两家企业均实施以客户为中心的集成解决方案服务。本书将上述服务创新不同发展阶段的战略导向对比整理为表 6.12。

表 6.12　　　　　　　　　案例企业服务创新战略对比

服务创新阶段	海尔	华为
第一阶段	基础附加服务提供	基础附加服务提供
	配送、安装与调试服务	终身、免费、保姆式服务
	专业化维修维护服务	远程技术支持服务
	远程设备状态管理与咨询服务	
第二阶段	衍生增值服务提供	基础附加服务提供
	用户需求定制服务	标准化与专业化服务
		差异化等级服务
第三阶段	集成解决方案提供	集成解决方案提供
	衣物护理全系列解决方案	电信运营整体解决方案
	家庭空气治理方案	交通、金融、电力等行业解决方案
	用水安全解决方案	
	大规模定制服务	

　　基于以上案例总结及服务创新相关理论，本书提出制造企业服务创新战略主要包括如下三种。

　　第一，基础附加服务提供战略。该战略通常发生于产品主导逻辑下的服务创新初始阶段。此时制造商以产品为中心，提供围绕产品的安装、检测与售后等基础服务，服务的作用仅仅是用来辅助产品功能的发挥与产品附加价值的简单延伸，服务的附加值不是很高，无法为制造企业创造高利润，更无法转化为竞争优势，制造企业服务创新的动机与频率都很低。

　　第二，衍生增值服务提供战略。在产品主导逻辑向服务主导逻辑过渡阶段，由于行业内技术的迭代更新与日趋完善，以及消费者需求的不断升级，制造企业开始针对有形产品开发附加值更高的衍生服务，由此开展顾客导向的服务创新。主要体现为制造企业针对客户需求开发各类有偿服务，如售前咨询、技术支持与备件管理等服务，并关注顾客个性化需求，开始着手为顾客提供简单的定制化服务。制造企业将服务作为差异化竞争优势的重要手段，提升与顾客交互的深度与黏性，企业内部的资源配置结构开始变更为向服务倾斜，大幅提升了服务创新的频率。

　　第三，集成解决方案提供战略。该战略应用于服务主导逻辑下的服务创新深化阶段。制造企业在服务导向的指引下进行战略调整与商业模式设计，力图脱离产品，开发集成性的服务解决方案。并且制造企业加强了与外部主体的联动，更紧密地吻合顾客的个性化需求，设计服务解决方案以获取高利润输入。

2. 动态能力与制造企业服务创新绩效

　　服务创新绩效归根结底来源于差异化，差异化创造了更大的顾客价值，并使企业自身与竞争对手区别开来，而且这种差异化的独特性和难模仿性水平越高，为企业带来的竞争优势越持久。动态能力作为一种改变能力的能力，是造成差异化的根本来源。这也正是诸多学者所认可的动态能力能创造持续竞争优势的根本所在。具体而言，动态能力是企业在动态环境中形成并随着环境变迁而不断演化的一种能力。动态能力中渗透了组织的隐性知识，因而具有：（1）内部结构模糊性；（2）动态能力的构建与企业的发展历程是同步进行的，因此动态能力必然存在路径依赖性；（3）动态能力是多种能力组合的结果，各种细分维度的能力深嵌于组织流程中并相互作用，从而体现出企业独有的文化及价值观。综上所述，动态能力自身具备专属性、可持续、高价值、难以复制与模仿及无法交易等特点，因而构成了企业可持续竞争优势及优质绩效表现的重要源泉。

　　制造企业的动态能力覆盖从感知外部环境到重构资源并做出响应的全过程。基于对市场、技术及制度环境等的感知，制造企业捕捉到市场机遇、客户诉求与政策更迭，促使企业对战略进行重新思考与设计，在服务主导逻辑的指引下，企业进行外部跨界搜索以弥补自身的发展缺陷；同时，企业结合服务导向重整内外部资源，从而生成更多崭新的创意、产品或过程，极大地提升企业开展服务创新活动的效率；组织架构的重新设计也为服务创新的展开提供了重要支撑。具体而言，海尔集团通过兼并与收购、建立研发机构、与外部科研机构形成战略联盟等方式，促使其网络边界不断扩展，由此实现企业内部资源的持续更新。同时，在企业内部推行人单合一模式，设立独立的服务部门等，以缩短认知距离，减少知识交流成本并统一制度逻辑，由此增进组织内部的黏性与稳定性，推动资源重新配置及组织重构。华为通过引入 IBM 管理咨询顾问，大范围、深层次地再造内部业务流程，随之将组织结构由部门式转变为扁平式，并实施"铁三角"运作模式。此后又将管理架构由原来基于部门划分调整为根据客户类型划分，并设立专门的服务部门"ICT 融合的产品与解决方案组织"。通过以上途径，华为扩展了外部知识搜索渠道，实现了资源整合与重构。

　　制造企业感知到动荡的外部环境、激烈的竞争条件以及不断更迭的顾客需求，推动企业整合配置分散且多元的资源，助力企业抓住服务创新机遇，更高效且高质量地满足顾客日益复杂且个性化的需求，由此对服务创新绩效形成正向影响。具体体现为短期财务绩效与长期竞争优势两方面。在财务绩效方面，服务创新战略的成功实施推动海尔集团的营业收入以较高幅度增长，典型证据是 2010 年与 2009 年相比销售额增长幅度高达 83%。此外，服务提供为企业创造了崭新的利润来源，服务创造的收入在总营业收入中的比重逐渐提高。如2018 年，在海尔 2661 亿元的总营业收入中，服务收入超过 150 亿元，实现了75% 的同比增速。华为财务绩效提升的显著表现包括 2004 年获取近 320 亿元的营业收入，与 2003 年同比增长 45%。2015~2018 年，华为中国区服务业务的年复合增长率平均在 50% 以上。

　　在竞争优势方面，服务创新有力打造了企业不可替代的竞争力，使得海尔在整个家电市场中稳居龙头地位，并在顾客心中建立了良好的品牌忠诚度，如海尔连续十年获得全球家电第一品牌称号。华为也凭借专业的行业解决方案提供连续十年获得中国 ICT 服务十大领军企业称号，迄今已与超过 2300 家合作伙伴建立了业务联系。

3. 动态能力、战略导向与制造企业服务创新绩效

基于以上案例分析，可以清晰地发现，制造企业在发展的不同阶段中，只有当动态能力与企业战略导向相匹配时，动态能力才能真正发挥对服务创新绩效的正向促进作用。表 6.13 为各案例企业发展阶段的纵向比较（动态能力水平分为低、较低、一般、较高、高五个级别，对各阶段动态能力水平的界定为本研究团队根据案例企业资料及上述分析进行共同研究与探讨所得的结果）。

表 6.13　　　　动态能力、服务创新战略导向与服务创新绩效

研究变量		海尔			华为		
阶段		探索期	成长期	深化期	探索期	成长期	深化期
组织学习	探索式学习	—	采用	采用	—	采用	采用
	利用式学习	采用	—	—	采用	—	—
动态能力	环境感知能力	较低	一般	较高	低	一般	较高
	资源攫取能力	低	较高	较高	低	一般	较高
	资源重构能力	低	较高	高	低	较高	高
服务创新战略	基础附加服务提供	实施	—	—	实施	实施	—
	衍生增值服务提供	—	实施	—	—	—	—
	集成解决方案提供	—	—	实施	—	—	实施
服务创新绩效	短期财务绩效	迅速增长	平稳	增长	缓慢增长	增长停滞	迅速增长
	长期竞争优势	迅速增长	增长	迅速增长	缓慢增长	平稳	迅速增长

（1）当制造企业仅具备低阶动态能力时，以基础附加服务提供作为服务创新战略有利于服务创新绩效的提升。这在海尔服务创新的探索阶段表现较为明显。海尔成立初期，技术实力较为薄弱，动态能力的发展处于起步阶段，既缺乏对外部环境的敏锐洞察，也欠缺机会捕捉与资源整合能力。且未能对服务创新产生清晰的概念认知，开展服务创新的意识也不够强。此时海尔选择提供基础附加服务的服务创新战略，即围绕产品开展安装、配送、维护维修等一系列服务。华为与之相类似，在服务创新初期同样实施基础附加服务提供战略，为用户提供覆盖产品整个生命周期的"终身、免费、保姆式"服务。基础附加服务的提供有效缓解了制造企业发展初期产品质量与性能同质化的压力，能促进

产品销售，并增强客户满意度，促使服务创新绩效得到快速提升。

（2）当制造企业的动态能力相比之前阶段得到一定程度的发展，处于中阶状态时，制造企业采取衍生增值服务提供的战略导向对服务绩效有显著的提升作用。在海尔服务创新成长阶段，海尔强调"更多地为顾客解决问题、满足顾客个性化需求"，而这离不开对顾客需求的敏锐感知，并且需要整合更多服务环节，重新配置内外部资源。通过针对用户个性化需求的服务提供，海尔的品牌知名度进一步扩大，服务创新绩效继续攀升，并成为家电行业内首个破千亿元营收的企业。而华为在服务创新第二阶段仍实施以产品为中心的基础服务提供战略，但该阶段由于技术进步，产品的质量与性能上升到更高水平，导致客户对产品支持型服务的敏感度下降，并且华为的竞争者们也纷纷模仿其服务提供，使华为在前阶段积累的服务创新优势大为削弱，服务创新绩效增长势头明显放缓，甚至出现负增长。可见，当动态能力水平有一定程度提高时，提供针对顾客需求的衍生增值服务更有利于绩效提升。

（3）在制造企业拥有高阶动态能力的阶段，采取集成解决方案提供的服务创新战略有助于其竞争优势显著升级。这在海尔服务创新深化阶段有较为明显的体现。随着海尔发展前期的内外部整合，其动态能力得到了持续提升，已经十分成熟，此时企业有足够的实力实施更高层次的服务创新战略，即集成解决方案提供。通过案例分析，可以发现，海尔在转型后期已经逐步转向智慧家居整体解决方案提供，创造了全新的客户价值，从而获取了远超业内竞争者的服务创新绩效。海尔提供的全流程与全场景的整体家居解决方案，是基于其愈发成熟的环境洞察能力，使海尔能充分把握顾客需求，并且通过革新组织架构、实施人单合一模式等内部调整措施，及建立 COSMO 平台、开发标准化部件及规模化生产等方式，使大规模定制服务成为可能。由此，海尔的服务业务利润率迅速提升至 20% 以上。华为在服务创新第三阶段也以提供系统的服务解决方案为主，针对金融、电力、交通等领域为客户开发相应的行业解决方案，从而为客户创造了崭新的价值，并获取到远超竞争对手的高额服务利润。

6.5　结果与讨论

服务创新是制造企业摆脱同质化竞争及资源困境的重要途径，这一点已在学术界与实务界都得到了证实。然而，制造企业服务创新之路绝非一帆风顺，服务创新未取得理想收益甚至完全失败的现象不在少数。面对制造企业服务创新过程中存在的"服务悖论"问题，探究服务创新的内在机理，从而提升服务创新的效率与效果显得尤为重要。现有理论表明，动态能力是制造企业成功实施服务创新的关键，从动态能力视角入手有助于深刻剖析制造企业服务创新的底层逻辑与内在机理。因此，本书基于服务创新理论、动态能力理论及组织学习理论等，利用双案例研究方法，针对动态能力对制造企业服务创新绩效的影响问题展开研究，得出如下结论。

第一，组织学习是动态能力构建与演化的逻辑起点。知识的演化是动态能力演化的源泉，而知识演化的途径在于组织学习。组织学习包含利用式学习和探索式学习两种模式，制造企业以组织学习为基础构建和发展动态能力。这两种学习方式在制造企业服务创新的不同阶段有不同的侧重，在服务创新探索期以利用式学习为主，在服务创新成长期和深化期则均以探索式学习为主。

第二，支撑服务创新的动态能力实质是一种能力组合，涵盖环境感知能力、资源攫取能力、资源重构能力，各维度动态能力包括多种微观基础。三维度能力的共同作用，促使企业迅速感知到竞争环境、客户需求、制度政策等外在因素的变化，高效整合其生态系统，不断更新其资源能力体系，从而为顾客提供与众不同的服务体验，使企业在激烈的竞争中获取可持续的竞争优势。

第三，制造企业服务创新所需的动态能力绝非静态不变的，各能力维度将随内外部环境的变化而自发演进和调整。服务创新不同发展阶段发挥主导作用的动态能力维度各有不同，动态能力的演变是一个阶段性、渐进性过程。随着服务创新深度与广度的推进，动态能力由低阶向中阶再向高阶演化。低阶动态能力以环境感知能力为主，中阶动态能力以资源重构能力为主，高阶动态能力以资源重构能力和资源攫取能力为主。动态能力由低阶到高阶持续演化的过程中，能力的整体水平呈现逐步上升的状态。

第四，动态能力的发展与服务创新战略相匹配时，有利于服务创新绩效的提升。基于服务创新深度与广度的差异，制造企业的服务创新战略可以分为基础附加服务提供、衍生增值服务提供、集成解决方案提供战略。当制造企业仅具有低阶动态能力时，提供基础附加服务有利于服务创新绩效提升；当制造企业拥有中阶动态能力时，采用衍生增值服务提供战略有助于制造企业获取服务创新绩效；而当制造企业具备高阶动态能力时，适合采用集成解决方案提供战略。

6.6　本章小结

本书在回顾组织学习、动态能力理论与制造企业服务创新相关研究的基础上，构建了组织学习、动态能力、制造企业服务创新绩效的关系模型。随后采用双案例研究方法，选取华为、海尔两家制造企业为研究对象，通过分阶段的案例分析，最终验证了上述的关系模型，即组织学习影响动态能力的构建与发展，并且动态能力需与服务创新战略相匹配，由此带动服务创新绩效的提升。

第7章 研究结论与展望

7.1 研究结论

本书依据基金申请报告提出的工作任务，在对诸多实证文献进行分析研究的基础上，首先，在大量企业调研的基础上，对影响制造企业服务创新的相关因素进行了研究。本书在前人的研究基础之上，基于系统理论，构建出服务转型下的制造企业服务创新影响因素模型，并从供应链视角对服务创新内部维影响因素、外部维影响因素、交互维影响因素三个维度对系统进行了细分。同时，对每一个维度（子系统）分别构建了相应的影响因素假设模型，对影响因素的作用机理进行了深入的研究。研究发现一线员工参与、组织创新氛围、战略柔性、组织合法性等内部维影响因素会促进制造企业服务创新绩效的提升，并且知识整合在一线员工参与影响服务创新绩效的过程中起到中介作用。其次，顾客参与、供应商参与、环境动态性等外部维影响因素正向促进服务创新绩效，并且知识整合在顾客参与、供应商参与影响服务创新绩效的过程中起到中介作用。最后，顾企互动、组织间控制等交互维影响因素正向促进服务创新绩效，但关系资本在上述关系中未起到中介作用。

在知识获取方式对制造企业服务创新绩效的研究中，本书将知识获取的方式进行总结和梳理，根据与企业间互动深度的不同，将企业知识获取的方式分为外部知识搜索、知识共享和知识共创，实证分析发现，三种知识获取方式均可正向促进制造企业的服务创新绩效。

在动态能力对制造企业服务创新绩效的研究中，本书采用纵向双案例研究方法，分析探讨了制造企业在服务创新探索期、成长期、深化期三个阶段中，动态能力对服务创新绩效的内在影响机理；并引入组织学习作为动态能力的前因变量，探究组织学习对动态能力构建与演化的作用；此外，深入剖析了动态能力与服务创新战略的匹配关系，由此形成了组织学习—动态能力—服务创新战略—服务创新绩效的理论模型。

7.2　管理启示

为促进我国制造企业服务转型以及服务创新活动的顺利进行，并对制造企业进行服务转型以及实施服务创新活动形成有效的指导，本书根据研究所得出的结论，结合以往学者的研究成果，经过仔细的论证分析，提出了以下几项具体的措施和建议：

1.服务创新过程中注重与顾客、供应商等其他供应链合作伙伴的合作

顾客是制造企业重要的创新思想来源，顾客参与显著影响企业服务创新过程和结果绩效。在服务创新过程中顾客的参与将会使企业更加了解顾客的需求以及市场的波动情况。同时服务的特性决定了顾客必须参与服务创新过程中，企业需要主动与顾客进行沟通交流，顾客的直接参与以及沟通渠道的存在使得顾客可以提出自己的各种需求，沟通交流的过程使企业更加了解客户的多方面信息，如潜在需求以及价值感知等，这些信息都有助于降低企业在服务创新过程中可能遇到的风险。因此在服务创新的过程中，应该注重顾客导向、竞争导向，提升企业的服务创新能力。企业在进行战略决策时，应当把客户需求放在首位，并且在战略实施的具体过程当中，指导一线员工与顾客深入交流，获取顾客需求信息，为企业相关决策提供依据。企业业务活动应以顾客需求为导向，提升顾客满意度，实现企业的长期可持续发展。竞争导向也是企业实施服务化战略的重点，竞争导向要求企业了解竞争对手的相关信息，取其精华，剔其糟粕，并做出合适的策略来应对市场竞争以及满足客户需求。

在服务创新过程中，供应商参与同样拥有着举足轻重的作用。在服务创新过程中供应商的参与将会使提供的服务质量、效率得到提高，成本有效降低。随着企业与供应商的深入合作，双方会达成战略联盟，实现信息共享，并为企业提供相关知识，使得企业进行服务创新的过程更加高效；且联盟的形式使得双方能够更好地应对自身所处的各种风险，二者共同为最终客户提供的相关服务也会得到加强，进而会进一步提升客户满意度。

制造企业应致力于提高供应链企业间的目标一致性和合作水平。服务创新

需建立在供应链企业间的协同创新基础上，拥有一致目标的企业彼此基于对共同目标的追求使其更愿意共享自己的知识。因此，服务创新制造企业在选择合作伙伴时，应对潜在的伙伴企业进行多目标的综合评价，尤其要明确各企业的发展目标与自身企业发展目标的契合度，从而确定最优的合作伙伴。另外，企业间的合作水平也影响到服务创新的效果，这就要求企业间的合作要从简单的业务层面上升到战略层面，鼓励合作企业在产品、技术研发活动的早期参与，全方位提高双（多）方的合作水平。企业间合作的缺乏和失败，一般不是因为缺少合作的动机，而往往是缺少控制机制。供应链各成员企业的控制机制可以简化知识共享的过程，降低成员之间由搜索信息、沟通谈判、订立契约、维护、监督、执行成本以及机会主义行为风险带来的成本，增强企业间的互动，促进企业间合作创新。因此，制造企业要优化控制机制首先要提高自身的综合实力，并在行业内创造良好的声誉；另外，制造企业作为服务创新的核心企业要赢得合作企业的信任，须建立合理的制度，有效制度的建立可大大减少企业间的投机行为。

2. 加强对一线员工的培训

制造企业需要引导一线员工积极参与企业服务创新，形成新的知识整合机制，从而提高企业的服务创新能力。制造企业应积极培训一线员工，提升员工的服务意识，促进企业整体服务创新能力的提升。企业可以开展员工交流活动，加速企业内部知识的传递吸收；聘请专业的服务营销人员为企业员工进行培训保证企业服务化产品的市场推广。此外，高层管理者需加大支持力度，推进企业的服务创新进程，高层领导的支持有利于企业打破现有顾客交互关系、现有商业模式的局限，对企业实施服务创新具有巨大的推动作用。

3. 完善企业的合法性体系

服务创新成果的推广与应用需要有合法性保护作为战略支撑。企业在提升服务化技术水平的同时，还应积极完善合法性体系，如搭建互动平台、专利申请和专业质量认证等，并通过营销宣传等帮助顾客接纳服务化产品。企业的组织合法性可以从以下几个方面来进行提高：竞争行为符合法律规定、将企业的相关信息进行网上公布、提升自己的信用等级，从而得到社会公众和政府的认可，最终提升企业的价值。企业在发展过程中，对于政府出台的相关支持性政策，应当积极响应，从而提升企业在政府管理中的价值感知，营造良好的企业形象。企业应当通过各种合法手段来获得政府或者供应链企业以及社会公众的认可，增强企业社会责任感，以树立负责任、有担当的品牌形象，为服务创新战略的顺利实施奠定基础。

4. 重视外部知识的获取以及实施开放式创新

对于企业来说，知识获取是提升绩效、获得竞争优势非常重要的途径，而想要进行或已经开始进行服务创新的制造企业，知识获取更是企业服务创新获得成功的保障。而开放式创新也是提升制造企业服务创新绩效的关键因素。现阶段我国的制造企业大部分还处于依靠人力及原材料的低成本获得利润化的阶段，对外部知识敏感性不够，对企业的开放式创新认知不足，无法有效地利用外部的有利资源，造成服务创新的效率有待提升。针对企业实践中的问题，本书提出以下管理启示，期望对企业有实际帮助：

在知识是第一生产力的当今时代，企业应该正视知识获取的策略。首先，企业不再是一个个孤立存在的个体，不仅上下游供应商与分销商、客户是潜在的合作伙伴，竞争对手、终端顾客也可能是知识的重要来源。企业需要开放的姿态获取知识，把握机会，避免在自身的技术优势中迷失方向。（1）根据企业服务创新所处阶段的不同，制定不同的知识获取策略，有目的性地以更低的成本更高的效率帮助企业积累知识，实施创新。（2）针对不同的合作伙伴，制定有针对性的知识获取策略，将供应商、消费者、渠道商等联合在一起建立信息网络，以促进的知识的交流合作。（3）注重知识型人才的引进。企业的策略最终要依靠企业的员工来实施执行，员工对知识资源重视并理解，有助于企业从整体上提升知识管理的水平。员工对企业内外部知识的理解力的提升，可以加快创新步伐。知识获取对企业至关重要，企业要善于总结外部知识搜索、知识共享、知识共创的经验和不足，知识获取是长期过程，会有成功经验，也会遇到各种困难险阻，难免会有失败的经历，因此企业更应该重视知识获取策略，强化知识获取能力，以支持企业的服务创新，获得服务创新绩效。

从研究结果看来，开放式创新不仅有助于获得服务创新绩效，更能帮助制造企业的知识获取获得服务创新绩效。因此，国内制造企业应坚持开放式创新的模式，改变乃至拒绝闭门造车的行为。实施开放式创新需要企业建立开放式的、合作共享的学习文化。具体措施：（1）改革企业组织模式，引入灵活创新的矩阵式结构，以项目为主导，促进企业内不同部门的员工乃至不同企业的员工在工作中的交流合作。（2）建立开放式的企业文化，以规章制度及激励机制鼓励员工以开放的姿态促使内外部资源流动及高效利用。开放式创新的模式下，不仅仅产品开发、服务开发部门需要与客户、供应商乃至竞争对手交流，不同的部门乃至整个企业都要以开放合作的姿态促进创新。

5. 重视动态能力的构建

动态能力在制造企业服务创新过程中发挥着关键作用，对于动态能力的构建主要有以下几点启示：

第一，动态能力的构建与演化以组织学习为逻辑起点，制造企业应重视组织学习。在企业内部需要鼓励员工进行创意思考与创新行为，激发员工学习潜力，注重开放心智，接纳员工的不同意见；构建畅通的知识交流机制，营造互相信任与开放沟通的氛围；并且对学习成果需要加以合理地存储、管理与应用，从而促进企业提升动态能力，并最终提高服务创新的效率与效果。另外，根据不同的服务创新发展阶段，选择不同的组织学习范式。基础附加服务提供战略由于沿着现有的创新模式，往往体现为小范围的修补或改善，其回报具有确定性和近期性，采用利用式学习即可满足此类服务创新的需求。而衍生增值服务提供和集成解决方案提供是对企业现有知识结构与底层创新逻辑的全新变革，具有更高的不确定性与风险性，仅仅依靠企业自身的现存知识无法满足服务创新需求，因而需要通过探索式学习从外部不熟悉领域获取知识，并创新性地利用知识。随着制造企业服务创新程度的加深，服务创新愈发体现出变革性与突破性的特点，因而探索式学习的作用相比利用式学习更为重要，企业应格外重视探索式学习。

第二，制造企业应从动态能力的微观基础入手，重视动态能力的培育和演化提升。就环境感知能力而言，服务机会的发现和识别通常发生于与客户的互动过程中，因而制造商应注重市场调研，提升与客户交流的频度与深度，甚至引导客户参与服务开发过程；另外，还应注重外部利益相关者的行动与战略导向、行业技术更迭趋势、自身服务供给能力等方面的识别与感知。资源攫取能力的构建需要企业对资源搜索范围和服务系统具有更广阔的认知视角，明确关系处理的优先级，与包括客户、供应商等在内的外部主体保持密切而积极的沟通与互动；在服务交付方面，基于企业自身的利益与成本取向，在自建服务交付渠道与整合外部渠道间做好平衡。资源重构能力强调企业对服务知识进行合理的管理、获取、更新与创造，构建涵盖多主体的系统性服务网络并设立灵活的组织架构，打造具有开放性的内源式与外源式创新结合的创新体系，此外，企业需要改进绩效评价体系，将服务创新考评纳入绩效考核。

第三，根据不同的服务创新战略选择，制造企业需有针对性地培育动态能力的不同维度，使动态能力与服务创新战略相匹配。在基础附加服务实施阶段，制造企业应着重培养环境感知能力，迅速识别内外部环境中潜在的机遇与挑战；在衍生增值服务提供阶段，制造企业应格外关注资源重构能力的发展，从组织架构调整、服务系统构建、创新体系升级等方面入手，支撑更深层次的服务创新；在集成解决方案提供阶段，制造企业面临服务创新模式的突破式变革，需要应对更严峻的挑战与风险，因而应注重培育与提升资源重构能力与资源攫取能力。

7.3　理论贡献与展望

1. 理论贡献

研究理论贡献之一：系统地研究了制造企业服务创新影响因素系统，完善了服务创新影响因素理论。针对制造企业在服务转型过程中服务创新影响因素研究还处于碎片化、零碎化的状况，从供应链视角全面地对影响因素进行了研究，系统地揭示了影响因素对服务创新的作用机理。研究针对服务转型制造企业影响因素的复杂性，运用系统理论思想，从供应链视角出发，综合考虑供应商、企业和客户等多主体的影响因素，将影响因素系统划分为三个子系统（维度）：企业内部维、环境外部维、交互维，提出了三维框架模型。全面、系统、科学地揭示企业内部与外部影响因素对服务转型制造企业服务创新的作用机理。

研究理论贡献之二：首先将知识获取的方式进行总结和梳理，根据与企业间互动深度的不同，将企业知识获取的方式分为外部知识搜索、知识共享和知识共创，最终发现三种知识获取方式均可正向促进制造企业的服务创新绩效。这与学者们关于知识与创新的研究结论是一致的，且细化了知识获取的研究。其次，本书将开放式创新分为内向型开放式创新与外向型开放式创新，进一步剖析了开放式创新的内涵，并进一步整合了开放式创新制造企业服务创新情境下的量表，并验证了开放式创新对服务创新绩效的促进作用。最后，在分析开放式创新内涵的基础上，验证了开放式创新在知识获取与制造企业服务创新绩效间的中介作用。即企业在获取外部知识的同时，仍要加强与外部企业的合作。

研究理论贡献之三：本书明晰了制造企业服务创新情境下动态能力的微观

基础，从动态能力的微观角度分析制造企业如何感知与识别服务机会、攫取内外部资源及重构其资源；不仅从能力角度丰富了制造企业服务创新理论，而且拓展了战略管理微观基础流派的研究，并且本书构建的组织学习—动态能力—服务创新战略—服务创新绩效的理论模型，从动态能力视角剖析了制造企业服务创新的内在机理。最终，本书揭示了制造企业服务创新情境下动态能力的阶段性演变特征。

2. 研究不足与展望

在制造企业服务创新的影响因素的研究中，本书从内部维、外部维、交互维三个维度明确诸多要素对制造企业服务创新绩效的影响机制，但对于某些要素之间的作用机制以及要素的获取、形成过程未进行深入研究。在随后的研究中，可运用案例研究、系统动力学、实证分析等方法明确诸多影响因素的相互作用机制以及要素的获取、形成过程。

在知识获取方式对制造企业服务创新绩效的研究中，本书只验证了内向型开放式创新与服务创新绩效的相关性，外向型开放式创新对服务创新绩效未被验证。但根据前文的相关性研究，外向型开放式创新与服务创新绩效有着显著的相关关系；未来研究中，可通过其他方法探究外向型开放式创新对企业服务创新绩效的作用。此外，本书的模型主要关注了制造企业服务创新中可能造成影响的前因变量及其中介变量，但事实上企业外部的因素如政策环境、市场竞争的强弱、企业内部的其他因素如企业所处的服务创新阶段等都有可能影响到其服务创新的结果，未来可对这些因素进行深层次的研究。

在动态能力对制造企业服务创新绩效的研究中，本书采用描述性的双案例研究方法，针对动态能力如何影响制造企业服务创新展开了研究，但仍存在一些不足，有待未来的研究进一步完善，主要体现在：第一，尽管本书选取了具有典型性的不同类别的服务创新制造企业，但这两个企业无法代表整个制造行业，由案例研究得出的结论是否对其他类型企业及中小型制造企业同样适用，有待进一步探讨。第二，本书将组织学习作为动态能力的前因变量，而动态能力的成因是个较为复杂的过程，可能存在其他前因变量，未来有待进行深入研究。

附录 A　制造企业服务转型中的服务创新影响因素研究调查问卷

您好！

我们是"供应链视角下服务创新影响因素的研究"课题组成员，目前正在进行"供应链视角下服务创新影响因素的研究"（国家社会科学基金项目）的课题研究。

本问卷的目的是调查服务转型制造企业的影响因素。希望您结合贵企业的实际情况填写，非常感谢您的支持和帮助。

本问卷采用无记名方式，所取得资料仅用于学术研究，对于您提供的信息我们一定严格保密。您对以下每一项问题的回答，对于本研究至关重要。

感谢您在百忙之中抽空填写此问卷，在此本课题组向您致以诚挚的谢意。

敬祝您身体健康，事业更上一层楼！

"供应链视角下服务转型制造企业的服务创新影响因素研究"课题组

第一部分　问卷说明部分

（1）基本概念说明。

ⅰ.**供应链**：指产品生产和流通过程中所涉及的原材料供应商、生产商、分销商和零售商以及最终消费者等成员通过与上游、下游成员的连接组成的网络结构。

ⅱ.**服务创新**：指企业进行一系列企业活动来提供满足客户需求的产品＋服务包，解决方案等服务，而在这个过程中的改变即为服务创新。

（2）填写说明。

ⅰ.若没有特殊说明则该题为单选，请您在所选答案对应的框内打"√"。

ⅱ.为保证调查样本的一致性，如果贵企业处在多条供应链中，请选择其中一条供应链为考虑对象。

第二部分　问卷内容

题　项	符合程度				
相关陈述	非常不同意	不同意	不确定	同意	非常同意
内部维					
一、一线员工参与					
1. 一线员工在创新过程中会提出一些新的想法或解决问题的办法	1	2	3	4	5
2. 一线员工会去寻找改善服务的机会	1	2	3	4	5
3. 一线员工会把自己的新想法共享给同时或领导，以寻求支持与认可	1	2	3	4	5
4. 一线员工积极参与服务创新的决策和方案实施	1	2	3	4	5
5. 一线员工主动与顾客接触，以获取需求信息或新想法	1	2	3	4	5
二、知识整合					
1. 我们经常从供应商以及客户处获取可利用的知识	1	2	3	4	5
2. 我们能将新获取的与创新项目相关的知识与已有知识整合在一起	1	2	3	4	5
3. 我们能将供应商与客户的知识在创新项目层面进行有效整合	1	2	3	4	5
4. 我们能利用不同领域知识开发新的服务项目	1	2	3	4	5
5. 在整合知识过程中，面对知识冲突我们具有合理的解决措施	1	2	3	4	5

题　项	符合程度				
相关陈述	非常不同意	不同意	不确定	同意	非常同意
6. 我们能利用知识提升自身的知识和创新能力	1	2	3	4	5
三、组织创新氛围					
1. 我可以自主设定工作进度	1	2	3	4	5
2. 我可以自主决定如何实施工作方案	1	2	3	4	5
3. 工作中我有自主发挥的空间	1	2	3	4	5
4. 同事间经常就工作中的问题进行交流和探讨	1	2	3	4	5
5. 同事会主动协助我完成工作	1	2	3	4	5
6. 我能感受到同事的支持和关心	1	2	3	4	5
7. 公司对有创新想法的员工会给予奖励和报酬	1	2	3	4	5
8. 公司的奖励制度使员工富有创新热情	1	2	3	4	5
9. 公司鼓励员工提出有创意的点子	1	2	3	4	5
10. 公司的奖励制度有效地促进了工作创新	1	2	3	4	5
四、战略柔性					
1. 同一种资源在本公司内部各部门间的共享程度很高	1	2	3	4	5
2. 同一种资源用于开发、制造和销售不同产品或服务的程度很高	1	2	3	4	5
3. 同一种资源从一种用途变为另一种用途的成本和难度很小	1	2	3	4	5
4. 同一种资源从一种用途变为另一种用途的时间很短	1	2	3	4	5
5. 公司允许各部门打破工作程序，以保持工作灵活性和动态性	1	2	3	4	5
6. 公司有非常畅通的内部沟通渠道和机制	1	2	3	4	5
五、组织合法性					
1. 做法得到供应商的认可	1	2	3	4	5
2. 做法得到同行的认可	1	2	3	4	5
3. 做法得到公众的认可	1	2	3	4	5
4. 做法得到顾客的认可	1	2	3	4	5

题 项	符合程度				
相关陈述	非常不同意	不同意	不确定	同意	非常同意
5. 做法得到市场监管部门如工商、税务、质检等部门的认可	1	2	3	4	5
6. 做法得到国有金融机构如国有银行的认可	1	2	3	4	5

外部维

一、顾客参与

1. 顾客积极地把自己拥有的相关信息提供给我们	1	2	3	4	5
2. 能随时知晓顾客的情况	1	2	3	4	5
3. 顾客能提供有关其需求和偏好的信息	1	2	3	4	5
4. 顾客很信任本公司	1	2	3	4	5
5. 与顾客有着十分密切的联系	1	2	3	4	5
6. 有时会与某些顾客交流他们的私人问题	1	2	3	4	5
7. 会组织一些与业务有关的非正式活动	1	2	3	4	5
8. 顾客的努力对服务创新活动起到了非常重要的作用	1	2	3	4	5
9. 顾客的知识与技能对服务创新非常重要	1	2	3	4	5
10. 顾客能够自己设计初步的问题解决方案或指定方案思路	1	2	3	4	5
11. 服务创新的顺利进行，需要与顾客相互请教与支持	1	2	3	4	5

二、供应商参与

1. 供应商在规划阶段：即新服务概念确定与服务规划阶段参与服务创新	1	2	3	4	5
2. 供应商在设计阶段，即服务的原型设计与构造阶段参与服务创新	1	2	3	4	5
3. 供应商在服务生成阶段：即服务的小规模试验与增量生产阶段参与服务创新	1	2	3	4	5
4. 本公司与供应商共同决定服务创新的关键问题	1	2	3	4	5
5. 本公司与供应商进行不同部门的定期会晤	1	2	3	4	5
6. 本公司能与供应商企业中的不同层次员工进行深层次交流	1	2	3	4	5

续表

题　项	符合程度				
相关陈述	非常不同意	不同意	不确定	同意	非常同意
7. 本公司和供应商的合作计划进入关键阶段时，供应商的参与次数会增加	1	2	3	4	5
三、知识共创					
1. 本公司和外部参与主体都在不断地思考如何更好地利用现有知识	1	2	3	4	5
2. 本公司和外部参与主体经常对现有知识进行整合和改良，以适应当前需要	1	2	3	4	5
3. 本公司和外部参与主体经常能在现有知识基础上创造新的知识	1	2	3	4	5
4. 本公司和外部参与主体时刻注意关注新领域的信息、技术和知识	1	2	3	4	5
5. 本公司和外部参与主体创造出全新的知识	1	2	3	4	5
6. 本公司和外部参与主体尝试探索推出全新的、尚无相关开发经验的新服务	1	2	3	4	5
四、环境动态性					
1. 所在行业竞争是恶性竞争	1	2	3	4	5
2. 所处行业经常发生"促销战"或"价格战"	1	2	3	4	5
3. 产品和服务总是受到竞争对手的快速模仿	1	2	3	4	5
4. 所在行业几乎每天都能听说新的竞争行动	1	2	3	4	5
5. 顾客的偏好变化速度很快	1	2	3	4	5
6. 顾客倾向于寻求新的产品和服务	1	2	3	4	5
7. 新顾客对产品相关需求与原有顾客明显不同	1	2	3	4	5
8. 新顾客的出现来源于公司产品和服务的改善	1	2	3	4	5
交互维					
一、顾企互动					
1. 顾客积极让企业了解他们的需求和偏好	1	2	3	4	5
2. 顾客积极给反馈，让企业了解他们对新服务的感受	1	2	3	4	5

续表

题　项	符合程度				
相关陈述	非常不同意	不同意	不确定	同意	非常同意
3. 企业与顾客之间有信息共享平台	1	2	3	4	5
4. 企业通过多种方式与顾客交流信息	1	2	3	4	5
5. 顾客全程参与了新服务的开发过程	1	2	3	4	5
6. 企业与顾客互动的强度较高	1	2	3	4	5
7. 企业员工与顾客接触的时间较长	1	2	3	4	5
8. 企业与顾客都具有积极的合作态度	1	2	3	4	5
9. 顾客愿意额外付出自己的资源（时间、精力、情感等）协助企业	1	2	3	4	5
10. 企业将顾客视为企业内部的员工，使顾客和员工共同创造服务产出	1	2	3	4	5
11. 企业对参与到服务中的顾客进行指导	1	2	3	4	5
二、信任控制					
1. 员工对企业是信赖的	1	2	3	4	5
2. 员工对企业能力非常有信心	1	2	3	4	5
3. 企业员工非常守信	1	2	3	4	5
4. 彼此认为合作方是正直的、真诚的	1	2	3	4	5
5. 彼此关心对方的利益，不会利用对方弱点	1	2	3	4	5
6. 彼此是值得信赖的，未来有能力履行承诺	1	2	3	4	5
7. 彼此在技术、管理、盈利能力方面具备实力	1	2	3	4	5
三、契约控制					
1. 具备完整的合同	1	2	3	4	5
2. 契约是约束双方行为最有力的工具	1	2	3	4	5
3. 考核指标检查工作	1	2	3	4	5
4. 双方有详细合作规则并体现在合同中	1	2	3	4	5
四、合作关系					
1. 双方对项目的合作都具有较高的诚意	1	2	3	4	5

续表

题　项	符合程度				
相关陈述	非常不同意	不同意	不确定	同意	非常同意
2. 双方曾经有过合作经历	1	2	3	4	5
3. 双方定期商讨合作计划与战略目标	1	2	3	4	5
4. 双方经常进行协调与沟通，能实现信息的及时、广泛共享	1	2	3	4	5
五、关系资本					
1. 我们依赖利益相关者不会泄露我们的机密	1	2	3	4	5
2. 我们与利益相关者间能无保留地分享各种信息	1	2	3	4	5
3. 我们依赖利益相关者所提供信息的准确性	1	2	3	4	5
4. 我们与利益相关者都希望合作关系都继续维持下去	1	2	3	4	5
5. 我们与利益相关者都承诺遵守互惠互利的合作关系	1	2	3	4	5
6. 我们与利益相关者都承诺努力完成合作目标	1	2	3	4	5
六、服务创新绩效					
1. 企业进行的服务创新为企业带来更多的利润	1	2	3	4	5
2. 企业进行的服务创新提高了企业的投资回报率	1	2	3	4	5
3. 企业进行的服务创新使企业销售额大幅上升	1	2	3	4	5
4. 企业进行的服务创新提高了企业的市场占有率	1	2	3	4	5
5. 企业进行的服务创新提高了企业的顾客满意度	1	2	3	4	5
6. 企业进行的服务创新为企业带来了更多的新顾客	1	2	3	4	5
7. 企业进行的服务创新提升了企业的发展潜力	1	2	3	4	5

第三部分　基本资料

1. 您的性别：□男　　□女

2. 您的年龄：□ 25 岁及以下　　□ 26~35 岁　　□ 36~45 岁　　□ 46~55 岁

□ 56 岁及以上

3. 您的学历是：□高中以下 □大专 □本科 □硕士及以上

4. 您所在企业属于：□国有及国有控股企业 □集体（合作）企业 □私营 / 民营企业 □合资企业 □外资企业

5. 您所在企业的行业类别：□金属、机械和工程 □化学石油化工 □纺织制衣 □木料加工 □建筑材料 □制药 □食品饮料 □橡胶和塑料 □电子电器 □金融 □物流 □其他

6. 您在公司中担任的职位是 _____

问卷到此结束，感谢您的大力支持与协助！如果您对我们的研究结果感兴趣，请留下您的 E-mail: _____

附录 B　制造企业知识获取与服务创新绩效关系研究调查问卷

您好！

我们是大连理工大学制造企业服务创新研究课题组，目前正在进行"制造企业知识获取与服务创新关系"课题研究。希望您根据贵企业的实际情况填写，非常感谢您的支持和帮助。

本问卷采用无记名方式，所取得资料仅用于学术研究，对于您提供的信息我们一定严格保密。您对以下每一项问题的回答对本研究都至关重要。

感谢您在百忙中抽空填写此问卷，在此本课题组向您致以诚挚的谢意。

敬祝您身体健康，事业更上一层楼！

第一部分　基本信息

贵公司基本信息

1. 贵公司成立时间：_____

2. 贵企业所属行业：□通信及其他电子设备　□交通运输设备制造业　□通用设备制造业　□电气机械及器材制造业　□化学化工制造业　□金属及非金属制造业　□专用设备制造业　□其他_____

3. 贵公司所有制性质：□国有　□民营　□外商独资　□中外合资　□其他

4. 贵公司正式员工人数约：□ 1~49 人　□ 50~99 人　□ 100~199 人
□ 200~499 人　□ 500~999 人　□ 1000~4999 人　□ 5000 人及以上

5. 贵公司提供何种形式的服务（可多选）：

□围绕产品提供基础售前售后服务（如售前咨询、售后保修等）

□围绕产品提供增值服务（如付费升级产品性能、付费定期维护等）

□根据顾客需求提供全套服务解决方案（如整体解决方案、交钥匙工程等）

□不提供服务

您个人的基本信息

1. 您的职位：

□高层管理者　　□中层管理者　　□基层管理者　　□普通员工

2. 您对所在企业服务业务的了解程度：

□一点都不了解　□不是很了解　□一般　□有点了解　□非常了解

第二部分　问卷内容

请根据贵公司（以下称企业）实际情况判断以下问题，并在所选答案对应的框内打"√"。

以下题项中，**服务创新**指为了满足顾客的需求，企业为其提供新服务体验或新服务解决方案。**知识**包含研发所需的技术、专利、创意、市场需求信息、市场反馈信息、工作经验等。

题项		符合程度				
序号	相关陈述	非常不同意	不同意	不确定	同意	非常同意
KA1	企业能有效甄别对自身有用的外部知识	1	2	3	4	5
KA2	企业能主动并有效地获得外部知识	1	2	3	4	5
KA3	企业能快速理解外部知识	1	2	3	4	5
KA4	企业有较强的新旧知识融合能力	1	2	3	4	5
KA5	企业能将吸收的新知识有效地应用于相关产品和服务中	1	2	3	4	5
KS1	企业经常与其他合作伙伴交流知识、经验等	1	2	3	4	5

题项		符合程度				
序号	相关陈述	非常不同意	不同意	不确定	同意	非常同意
KS2	企业愿意向合作伙伴分享自己的知识并接受对方分享的知识	1	2	3	4	5
KS3	合作伙伴愿意向企业分享自己的知识并接受对方分享的知识	1	2	3	4	5
KS4	共享的知识在相关产品/服务开发中使用率很高	1	2	3	4	5
KC1	为了更好地提供服务，企业与合作伙伴经常共同尝试解决问题的新方法	1	2	3	4	5
KC2	服务创新活动中，企业与合作伙伴可以有效地基于现有知识产生新的知识	1	2	3	4	5
KC3	共同产生的新知识解决了原有知识体系无法解决的问题	1	2	3	4	5
KC4	共同产生的新知识使双方的知识体系更加完备	1	2	3	4	5
IO1	企业能及时从外部获得所需市场需求信息	1	2	3	4	5
IO2	企业能从外部获得创意信息	1	2	3	4	5
IO3	企业能从外部获得服务创新所需的技术或专利	1	2	3	4	5
IO4	企业能及时从外部获得服务创新的趋势信息	1	2	3	4	5
IO5	企业能及时从外部获得服务提供的反馈评价	1	2	3	4	5
OO1	企业经常主动到其他企业进行创新项目的交流或报告	1	2	3	4	5
OO2	企业经常与外部伙伴共同解决创新项目的难题	1	2	3	4	5
OO3	如果有必要，企业愿意为其他企业的创新提供建议或解决方案	1	2	3	4	5
OO4	企业经常为其他企业或组织的创新提供建议或帮助	1	2	3	4	5
PP1	新服务的开发和执行的内部流程不断优化	1	2	3	4	5
PP2	服务开发及交付的效率更高	1	2	3	4	5
PP3	服务的反应时间更加迅速	1	2	3	4	5
PP4	企业对市场反应时间更加迅速	1	2	3	4	5

续表

题项		符合程度				
序号	相关陈述	非常不同意	不同意	不确定	同意	非常同意
OP1	服务创新提升了企业的利润	1	2	3	4	5
OP2	企业收入中服务带来的收入所占比例增加	1	2	3	4	5
OP3	服务创新提高了企业的市场占有率	1	2	3	4	5
OP4	服务创新提高了企业的顾客满意度	1	2	3	4	5
OP5	服务创新有助于企业经营目标和长期战略的实现	1	2	3	4	5
OP6	服务创新有利于企业将来开发其他创新服务	1	2	3	4	5

附录 C　动态能力对制造企业服务创新绩效的影响研究的案例调研访谈提纲

1. 请您介绍一下贵公司的运营概况、主营业务及业务转变历史。

2. 请您介绍一下贵公司针对产品的服务项目有哪些？如配送、安装、维修等。贵公司针对顾客需求的服务提供有哪些？如个性化定制服务、解决方案提供等。

3. 贵公司在服务创新过程中面临过哪些主要挑战？

4. 贵公司为成功实施服务创新战略做出了哪些重要举措？

5. 贵公司是如何理解服务创新动态能力的？您认为制约贵公司动态能力提升的因素有哪些？贵公司的动态能力经历了怎样的发展历程？

6. 贵公司通过哪些渠道获取信息和知识？您认为所得到的信息和知识对企业能力的提升有何影响？

7. 请您介绍一下贵公司在研发方面的投入，贵公司更倾向于模仿借鉴还是自主创新？

8. 贵公司经历过何种比较重大的组织变革？所实施的变革收到了何种效果？

9. 贵公司是否设有独立的服务业务部门？若存在，服务部门的权力是如何设置的？服务部门与其他部门的关系如何？

10. 贵公司与客户、供应商、合作伙伴等外部利益相关者的关系密切程度如何？

11. 服务业务的提供对贵公司绩效表现有何影响？是否会带动财务绩效的提升？对客户满意度、市场占有率或是品牌效应是否有影响？

参考文献

［1］包凤耐，彭正银．网络能力视角下企业关系资本对知识转移的影响研究［J］．南开管理评论，2015，18（3）：95-101.

［2］宝贡敏，徐碧祥．国外知识共享理论研究述评［J］．重庆大学学报（社会科学版），2007，13（2）：43-49.

［3］曹科岩，窦志铭，Caokeyan, et al. 组织创新氛围、知识分享与员工创新行为的跨层次研究［J］．科研管理，2015，36（12）：83-91.

［4］晁钢令．服务产业与现代服务业［M］．上海：上海财经大学出版社，2004.

［5］陈国权，马萌．组织学习——现状与展望［J］．中国管理科学，2000，V（1）：66-74.

［6］陈国权，王晓辉．组织学习与组织绩效：环境动态性的调节作用［J］．研究与发展管理，2012，24（1）：52-59.

［7］陈劲，陈钰芬．开放创新条件下的资源投入测度及政策含义［J］．科学学研究，2007，25（2）：352-359.

［8］陈劲，王安全，朱夏晖．软件业的服务创新［J］．南开管理评论，2002，5（1）：48-54.

［9］陈丽娴，沈鸿．制造业服务化如何影响企业绩效和要素结构——基于上市公司数据的 PSM-DID 实证分析［J］．经济学动态，2017（5）：64-77.

［10］陈伟，张旭梅．供应链伙伴特性、知识交易与创新绩效关系的实证研究［J］．科研管理，2011，32（11）：7-17.

［11］崔淼．组织创新氛围研究的元分析［J］．南开管理评论，2019，22（1）：98-110.

［12］冯华，李君翊．组织间依赖和关系治理机制对绩效的效果评估——基于机会主义行为的调节作用［J］．南开管理评论，2019，22（3）：103-111.

［13］耿新．知识创造的 IDE-SECI 模型——对野中郁次郎"自我超越"模型的一个扩展［J］．南开管理评论，2003，6（5）：11-15.

［14］顾远东，彭纪生．组织创新氛围对员工创新行为的影响：创新自我效能感的中介作用［J］．南开管理评论，2010（1）：30-41.

［15］郭海，沈睿，王栋晗，等．组织合法性对企业成长的"双刃剑"效应研究［J］．南开管理评论，2018，21（5）：16-29.

［16］韩辉，胡克瑾．C2C 电子商务顾客信任的影响因素——基于上海市的实证研究［J］．情报杂志，2009，28（4）：8-11.

［17］韩维贺，李浩，仲秋雁．知识管理过程测量工具研究：量表开发、提炼和检验［J］．中国管理科学，2006（5）：128-136.

［18］贺小刚，李新春，方海鹰．动态能力的测量与功效：基于中国经验的实证研究［J］．管理世界，2006（3）：94-103.

［19］胡松，蔺雷，吴贵生．服务创新的驱动力和模式［J］．研究与发展管理，2006，18（1）：33-39.

［20］纪雪洪，陈志祥，孙道银．供应商参与、专用性投资与新产品开发绩效关系研究［J］．管理评论，2015，27（3）：200.

［21］焦豪，周江华，谢振东，等．创业导向与组织绩效间关系的实证研究——基于环境动态性的调节效应［J］．科学学与科学技术管理，2007，28（11）：70-76.

［22］景玲．企业创新的三大知识获取模式综述［J］．中小企业管理与科技（上旬刊），2012（3）：4-5.

［23］康庄，杨秀苔，余元全．服务业消费者参与、信任与满意关系研究［J］．中南财经政法大学学报，2009（1）：135-140.

［24］李柏洲，周森．企业外部知识获取方式与转包绩效关系的研究——以航空装备制造企业为例［J］．科学学研究，2012（10）：1564-1572.

［25］李纲，陈静静，杨雪，等．网络能力、知识获取与企业服务创新绩效的关系研究——网络规模的调节作用［J］．管理评论，2017，29（2）：59-68.

［26］李琳，苏中锋．战略柔性对新产品开发速度的影响研究［J］．科学学研究，2016，34（5）：727-733.

［27］李翔．新产品开发项目协同创新的组织治理研究［J］．现代商贸工业，2019，40（23）：211-214.

［28］林东清.知识管理理论与实务［M］.北京：电子工业出版社，2005.

［29］林亚清，赵曙明.构建高层管理团队社会网络的人力资源实践、战略柔性与企业绩效——环境不确定性的调节作用［J］.南开管理评论，2013，16（2）：4-15.

［30］刘飞，简兆权.网络环境下基于服务主导逻辑的服务创新：一个理论模型［J］.科学学与科学技术管理，2014，35（2）：104-113.

［31］刘继国，李江帆.国外制造业服务化问题研究综述［J］.经济学家，2007（3）：119-126.

［32］刘新梅，赵旭，张新星.企业高层长期导向对新产品创造力的影响研究——基于资源编排视角［J］.科学学与科学技术管理，2017，38（3）：44-55.

［33］卢俊义，王永贵.顾客参与服务创新、顾客人力资本与知识转移的关系研究［J］.商业经济与管理，2010，1（3）：80-87.

［34］卢俊义，王永贵.顾客参与服务创新与创新绩效的关系研究——基于顾客知识转移视角的理论综述与模型构建［J］.管理学报，2011，8（10）：1566.

［35］卢俊义，王永贵，黄永春.顾客参与服务创新与顾客知识转移的关系研究——基于社会资本视角的理论综述和模型构建［J］.财贸经济，2009（12）：128-133.

［36］裴云龙，江旭，刘衡.战略柔性、原始性创新与企业竞争力——组织合法性的调节作用［J］.科学学研究，2013，31（3）：446-455.

［37］裴云龙，江旭，刘衡.战略柔性、原始性创新与企业竞争力——组织合法性的调节作用［J］.科学学研究，2013（3）：128-137.

［38］佘志鹏，乐云.工程项目中信任、控制对项目成功影响的实证研究［J］.项目管理技术，2015，13（3）：25-31.

［39］宋晶，陈劲.创业者社会网络、组织合法性与创业企业资源拼凑［J］.科学学研究，2019，37（1）：88-96.

［40］孙颖，陈通，毛维.物流信息服务企业服务创新过程的关键影响要素研究［J］.科学学与科学技术管理，2009，30（8）：196-199.

［41］孙颖.低信任下企业网络能力对服务创新绩效的影响研究［D］.天津大学，2010.

［42］唐娟，张耀珍.顾客参与服务创新及其绩效影响——基于电信企业的

实证研究［J］.科技管理研究，2012，32（20）：130-136.

［43］陶晓波，张欣瑞，范正芳，等.顾客参与对新产品开发绩效的影响机理研究［J］.中国软科学，2019，340（4）：130-137.

［44］王琳.KIBS企业—顾客互动对服务创新绩效的作用机制研究［D］.浙江大学，2011.

［45］王琳，魏江，周丹.顾企交互对KIBS企业服务创新绩效的作用机制研究［J］.研究与发展管理，2015，27（3）：126-136.

［46］王琦，刘咏梅，卫旭华.IT外包项目中控制机制与合作绩效的实证研究——基于IT服务提供商的视角［J］.系统管理学报，2014，23（2）：166-173.

［47］王永贵，邢金刚，李元.战略柔性与竞争绩效：环境动荡性的调节效应［J］.管理科学学报，2004（6）：70-78.

［48］魏江，焦豪.基于企业家学习的中小企业动态能力作用机理研究［J］.商业经济与管理，2007，192（10）：27-31.

［49］吴三清，王婧.组织学习，创新氛围和创新绩效的关系研究［J］.科技管理研究，2014，34（2）：178-182.

［50］肖挺，刘华，叶芃.制造业企业服务创新的影响因素研究［J］.管理学报，2014，11（4）：591.

［51］徐蕾.知识网络双重嵌入对集群企业创新能力提升的机理研究［D］.浙江大学，2012.

［52］许庆瑞，吕飞.服务创新初探［J］.科学学与科学技术管理，2003，24（3）：34-37.

［53］严卫群，董彩婷，柳卸林.国内创业网络对海归创业企业绩效的影响［J］.科学学研究，2019，37（5）：878-887.

［54］杨洋，耿洁，徐忠建.供应商参与服务创新：员工行为与组织氛围的影响［J］.系统工程，2016（34）：92.

［55］姚山季，王永贵.顾客参与新产品开发及其绩效影响：关系嵌入的中介机制［J］.管理工程学报，2012，26（4）：39-48.

［56］余陈金.外部知识获取、吸收能力与创新绩效的关系研究［D］.华南理工大学，2012.

［57］臧维，赵联东，徐磊，姚亚男.团队跨界行为、知识整合能力与团队

创造力［J］.管理学报，2019，16（7）：1063-1071.

［58］张红琪，鲁若愚.多主体参与的服务创新影响机制实证研究［J］.科研管理，2014，35（4）：103-110.

［59］张静，梁雄健.如何管理创新过程？——通信服务创新管理系列谈（连载之二）［J］.中国电信业，2002（3）：64-66.

［60］张克英，吴晓曼，李仰东.顾企互动对服务创新及企业绩效的影响研究［J］.科研管理，2018，39（11）：69-78.

［61］张千军，刘益，王良.基于权变视角的知识利用、知识开发以及双元性对外包项目绩效的影响研究［J］.管理学报，2013，10（7）：1065.

［62］张若勇，刘新梅，张永胜.顾客参与和服务创新关系研究：基于服务过程中知识转移的视角［J］.科学学与科学技术管理，2007，28（10）：92-97.

［63］张文红，赵亚普，陈爱玲.外部研发机构联系能否提升企业创新？——跨界搜索的中介作用［J］.科学学研究，2014，32（2）：289-296.

［64］张旭梅，陈伟，张映秀.供应链企业间知识共享影响因素的实证研究［J］.管理学报，2009，6（10）：1296-1301.

［65］张正林，杨小红.顾客参与、顾客满意与顾客信任的作用机制研究——基于两种自律导向的调节分析［J］.预测，2016，35（1）：43-48.

［66］赵立龙，魏江，郑小勇.制造企业服务创新战略的内涵界定，类型划分与研究框架构建［J］.外国经济与管理，2012，34（9）：59-65.

［67］郑建君，金盛华，马国义.组织创新气氛的测量及其在员工创新能力与创新绩效关系中的调节效应［J］.心理学报，2009，41（12）：1203-1214.

［68］郑万松，孙晓琳，王刊良.IT能力、知识共享、服务创新能力和质量关系研究［J］.统计与决策，2014（11）：62-64.

［69］周和荣，张鹏程，张金隆.组织内非正式隐性知识转移机理研究［J］.科研管理，2008，29（5）：70-77.

［70］朱桂龙，李梓涵.企业外部知识获取路径与企业技术创新绩效关系实证研究［J］.科技进步与对策，2008，25（5）：152-155.

［71］Abdul-aziz A R. Control Mechanisms Exercised in Malaysian Housing Public-private Partnerships［J］. *Construction Management & Economics*，2012，30（1）：37-55.

［72］Adner R，Helfat C E. Corporate Effects and Dynamic Managerial

Capabilities [J] . *Strategic Management Journal*, 2003, 24（10）: 1011–1025.

[73] Agenda R, Ifm T. Servitization in Manufacturing Companies [J] . *Universia Business Review*, 2007, 43（2）: 146–169.

[74] A K H C, B C H W, D S Z H C, et al. Service Innovation and New Product Performance: The Influence of Market–linking Capabilities and Market Turbulence [J] . *International Journal of Production Economics*, 2016, 172: 54–64.

[75] Alam I. Removing the Fuzziness from the Fuzzy Front–end of Service Innovations through Customer Interactions [J] . *Industrial Marketing Management*, 2006, 35（4）: 468–480.

[76] Albino V, Carbonara N, Schiuma G. Knowledge in Inter–Firm Relationships in an Industrial District [J] . *Industry and Higher Education*, 2000, 14（6）: 404–412.

[77] Amabile T M. How to Kill Creativity [J] . *Harvard Business Review*, 1998, 76（5）: 76.

[78] Amabile T M, Schatzel E A, Moneta G B, et al. Leader Behaviors and the Work Environment for Creativity: Perceived Leader Support [J] . *Leadership Quarterly*, 2004, 15（1）: 5–32.

[79] Amara N, Landry R, Doloreux D. Patterns of Innovation in Knowledge–intensive Business Services [J] . *Service Industries Journal*, 2009, 29（4）: 407–430.

[80] Amit R, schoemaker P J H. Strategic Assets and Organizational Rent [J] . *Strategic Management Journal*, 1993, 14（1）: 33–46.

[81] Argote L, Ingram P. Knowledge Transfer: A Basis for Competitive Advantage in Firms [J] . *Organizational Behavior and Human Decision Processes*, 2000, 82（1）: 150–169.

[82] Ayuso S, Rodr Guez M Á, Garc A–Castro R, et al. Does Stakeholder Engagement Promote Sustainable Innovation Orientation? [J] . *Industrial Management & Data Systems*, 2011, 111（9）: 1399–1417.

[83] Barras R. Interactive Innovation in Financial and Business Services: The Vanguard of the Service Revolution [J] . *Research Policy*, 1990, 19（3）: 215–

237.

［84］Becerra-Fernandez I, Sabherwal R. Organizational Knowledge Management: A Contingency Perspective［J］. *Journal of Management Information Systems*, 2001, 18（1）: 23-55.

［85］Bendapudi N, Leone R P. Psychological Implications of Customer Participation in Co-Production［J］. *Journal of Marketing*, 2003, 67（1）: 14-28.

［86］Cao G, Duan Y, Banna A E. A Dynamic Capability View of Marketing Analytics: Evidence from UK Firms［J］. *Industrial Marketing Management*, 2019（76）: 72-83.

［87］Carbonell P, Rodr Guez-escudero A I, Pujari D. Customer Involvement in New Service Development: An Examination of Antecedents and Outcomes［J］. *Journal of Product Innovation Management*, 2010, 26（5）: 536-550.

［88］Cepeda G, Vera D. Dynamic Capabilities and Operational Capabilities: A Knowledge Management Perspective［J］. *Journal of Business Research*, 2007, 60（5）: 0-437.

［89］Chang J-C, Yang Y-L. The Effect of Organization's Innovational Climate on Student's Creative Self-efficacy and Innovative Behavior［J］. *Business & Entrepreneurship Journal*, 2012, 1（1）: 75-100.

［90］Cheng C C. The Effects of Market Orientation on New Service Performance: The Mediating Role of Innovation［J］. *International Journal of Services Technology & Management*, 2011, 16（1）: 49-73.

［91］Chen M K, Chen I W. Constructing Innovative Service Quality for Department Stores［J］. *Total Quality Management & Business Excellence*, 2015, 26（5-6）: 482-496.

［92］Chesbrough H, Garman A R. How Open Innovation can Help You Cope in Lean Times［J］. *Harvard Business Review*, 2009, 87（12）: 68-77.

［93］Chirumalla K, Bertoni A, Parida A, et al. Performance Measurement Framework for Product-Service Systems Development: A Balanced Scorecard Approach［J］. *International Journal of Technology Intelligence & Planning*, 2013, 9（2）: 146-164.

［94］Choo C W. Managing Knowledge: Perspectives on Cooperation and

Competition［J］. *Information Processing and Management*，1997，33（6）：808–810.

［95］Chung L H，Gibbons P T，Schoch H. The Influence of Subsidiary Context and Head Office Strategic Management Style on Control of MNCs：The Experience in Australia［J］. *Accounting，Auditing & Accountability Journal*，2000，13（5）：647–666.

［96］Cohen W M，Levinthal D A. Absorptive Capacity：A New Perspective on Learning and Innovation［J］. *Administrative Science Quarterly*，1990，35（1）：128–152.

［97］Cooper R G，Kleinschmidt E J. Winning Businesses in Product Development：The Critical Success Factors［J］. *Research–Technology Management*，1996，50（4）：18–29.

［98］Cui A S，Wu F. Utilizing Customer Knowledge in Innovation：Antecedents and Impact of Customer Involvement on New Product Performance［J］. *Journal of the Academy of Marketing Science*，2016，44（4）：516–538.

［99］Dai Y，Goodale J C，Byun G，et al. Strategic Flexibility in New High–Technology Ventures［J］. *Journal of Management Studies*，2018，55（2）：265–294.

［100］Desmet S，Dierdonck R V，Looy B V. Servitization：Or why Services Management is Relevant for Manufacturing Environments［J］. *Pearson Education Limited*，2013，37（10）：43–61.

［101］Devinney T M，Midgley D F，Soo C W. *Knowledge Creation in Organizations：A Multiple Study Overview*［M］. Physica–Verlag HD，2005.

［102］De Vrande V V V，De Jong J，Vanhaverbeke W W，et al. Open Innovation in SMEs：Trends，Motives and Management Challenges［J］. *Technovation*，2009，29（6）：423–437.

［103］Doving E，Gooderham P N. Dynamic Capabilities as Antecedents of the Scope of Related Diversification：The Case of Small Firm Accountancy Practices［J］. *Strategic Management Journal*，2008，29（8）：841–857.

［104］Drnevich P L，Kriauciunas A P. Clarifying the Conditions and Limits of the Contributions of Ordinary and Dynamic Capabilities to Relative Firm Performance

［J］. *Strategic Management Journal*，2011，32（3）: 254–279.

［105］Du R，Ai S，Ren Y. Relationship between Knowledge Sharing and Performance: A Survey in Xi'an，China［J］. *Expert Systems with Applications*，2007.32（1）: 38–46.

［106］Durand R，Vergne J P. The Path of Most Persistence: An Evolutionary Perspective on Path Dependence and Dynamic Capabilities［J］. *Social Ence Electronic Publishing*，2011，32（3）: 365–382.

［107］Easterbysmith M，Prieto I M. Dynamic Capabilities and Knowledge Management: An Integrative Role for Learning?［J］. *British Journal of Management*，2008，19（3）: 235–249.

［108］Eisenhardt K M. Building Theories from Case Study Research［J］. *Academy of Management Review*，1989，14（4）: 532–550.

［109］Eisenhardt K M，Graebner M E. Theory Building from Cases: Opportunities and Challenges［J］. *Academy of Management Journal*，2007，50（1）: 25–32.

［110］Eisenhardt K M，Martin J A. Dynamic Capabilities: What are They?［J］. *Strategic Management Journal*，2000，21（1011）: 1105–1121.

［111］Engstr M J，Elg M. A Self–determination Theory Perspective on Customer Participation in Service Development［J］. *Journal of Services Marketing*，2015，29（6）: 511–521.

［112］Erlendnybakk，Ingejenssen J. Innovation Strategy，Working Climate，and Financial Performance in Traditional Manufacturing Firms: An Empirical Analysis［J］. *International Journal of Innovation Management*，2012，16（2）: 425–1107.

［113］Fang E. Customer Participation and the Trade–off between New Product Innovativeness and Speed to Market［J］. *Journal of Marketing*，2008，72（4）: 90–104.

［114］Felin T，Foss N J，Heimeriks K H，et al. Microfoundations of Routines and Capabilities: Individuals，Processes，and Structure［J］. *Journal of Management Studies*，2012，49（8）: 1351–1374.

［115］Felin T，Hesterly W S. The Knowledge–Based View，Nested Heterogeneity，and New Value Creation: Philosophical Considerations on the Locus of Knowledge［J］. *Academy of Management Review*，2007，32（1）: 195–218.

［116］Feng T, Sun L, Ying Z. The Effects of Customer and Supplier Involvement on Competitive Advantage: An Empirical Study in China［J］. *Industrial Marketing Management*, 2010, 39（8）: 1384–1394.

［117］Ferreira J J M, Raposo M L, Fernandes C I. Does Innovativeness of Knowledge–intensive Business Services Differ from Other Industries?［J］. *Service Industries Journal*, 2013, 33（7–8）: 734–748.

［118］Fitzsimmons J A. Consumer Participation and Productivity in Service Operations［J］. *Interfaces*, 1985, 15（3）: 60–67.

［119］Gallouj F, Weinstein O. Innovation in Services［J］. *Research Policy*, 1997, 26（4–5）: 537–556.

［120］Gassmann O, Vanhaverbeke W, Vrande V V D. Broadening the Scope of Open Innovation: Introduction to the Special Issue［J］. *International Journal of Technology Management*, 2010, 30（6）: 1605–1612.

［121］Gebauer H. Identifying Service Strategies in Product Manufacturing Companies by Exploring Environment–strategy Configurations［J］. *Industrial Marketing Management*, 2008, 37（3）: 278–291.

［122］Gebauer H, Lightfoot H W, Goudarzi K. Exploring the Alignment between Service Strategy and Service Innovation［J］. *Journal of Service Management*, 2011, 22（5）: 664–683.

［123］Gelhard C V, Von Delft S, Gudergan S P. Heterogeneity in Dynamic Capability Configurations: Equifinality and Strategic Performance［J］. *Journal of Business Research*, 2016, 69（11）: 5272–5279.

［124］Giannopoulou E, Gryszkiewicz L, Barlatier P J. Creativity for Service Innovation: A Practice–based Perspective［J］. *Journal of Service Theory & Practice*, 2014, 24（1）: 23–44.

［125］Gotsch M, Hipp C. Measurement of Innovation Activities in the Knowledge–intensive Services Industry: A Trademark Approach［J］. *Service Industries Journal*, 2012, 32（13）: 2167–2184.

［126］Grant K, Alefantos T, Meyer M, et al. Capturing and Measuring Technology Based Service Innovation–A Case Analysis within Theory and Practice［J］. *International Journal of Information Management*, 2013, 33（5）: 899–905.

［127］Grant，R. M. Toward a Knowledge-based Theory of the Firm［J］. *Strategic Management Journal*，1996，17（S2）：109-122.

［128］Grawe S J，Daugherty P J. Organizational Implants and Logistics Service Innovation［J］. *Transportation Journal*，2014，53（2）：180-210.

［129］Greenwald B C，Stiglitz J E. Asymmetric Information and the New Theory of the Firm：Financial Constraints and Risk Behavior［J］. *American Economic Review*，1990，80（2）：160-165.

［130］Griffin A H J R. The Voice of the Customer［J］. *Marketing Science*，1993，12（1）：1-27.

［131］Helena R，Aino H，Elina J. Networking for Resources in Service Solution Development［C］. Proceedings of the 27th Annual IMP Conference，F，2011：362-369.

［132］Helfat C E，Raubitschek R S. Dynamic and Itegrative Capabilities for Profiting from Innovation in Digital Platform-based Ecosystems［J］. *Research Policy*，2018，47（8）：1391-1399.

［133］Henry，Chesbrough，Adrienne，et al. Beyond High Tech：Early Adopters of Open Innovation in Other Industries［J］. *R&D Management*，2006：229-236.

［134］Hertog P D. Knowledge-intensive Business Services as Co-producers of Innovation［J］. *International Journal of Innovation Management*，2000，4（4）.

［135］Hill C，Jones G，Schilling M A. Strategic Management：Theory：An Integrated Approach［J］. *Strategic Management Journal*，1989（2）：159-172.

［136］Holste J S，Fields D. Trust and Tacit Knowledge Sharing and Use［J］. *Journal of Knowledge Management*，2010，14（1）：128-140.

［137］Huber G P. Organizational Learning：The Contributing Processes and the Literatures［J］. *Organization Science*，1991，2（1）：88-115.

［138］Innovation S. Intermediate Care Service in Extra Care Sheltered Housing［J］. *Housing Care & Support*，2005（4）：13-16.

［139］Jayasimha K R M V. New Service Development（NSD）：Role of Customer Contact Executives［J］. *Vision：The Journal of Business Perspective*，2007，11（2）：1-6.

［140］Jovanovic M，Raja J，Visnjic I，et al. Paths to Service Capability Development for Servitization：Examining an Internal Service Ecosystem［J］. *Journal of Business Research*，2019（104）：472-485.

［141］Kale P，Singh H，Perlmutter H. Learning and Protection of Proprietary Assets in Strategic Alliances：Building Relational Capital［J］. *Strategic Management Journal*，2000，21（3）：217-237.

［142］Kang K H，Kang J. Do External Knowledge Sourcing Modes Matter for Service Innovation? Empirical Evidence from South Korean Service Firms［J］. *Journal of Product Innovation Management*，2013，31（1）：176-191.

［143］Karniouchina E V，Victorino L，Verma R. Product and Service Innovation：Ideas for Future Cross-Disciplinary Research［J］. *Journal of Product Innovation Management*，2006，23（3）：274-280.

［144］Keegan A，Turner J R. The Management of Innovation in Project-Based Firms［J］. *Long Range Planning*，2002，35（4）：367-388.

［145］Kesting P，Parm Ulh I J. Employee-driven Innovation：Extending the License to Foster Innovation［J］. *Management decision*，2010，48（1）：65-84.

［146］Kim C，Inkpen A C. Cross-border R&D Alliances，Absorptive Capacity and Technology Learning［J］. *Journal of International Management*，2005，11（3）：313-329.

［147］Kim M，Song J，Triche J. Toward an Integrated Framework for Innovation in Service：A Resource-based View and Dynamic Capabilities Approach［J］. *Information Systems Frontiers*，2015，17（3）：533-546.

［148］Kindstroem D，Kowalkowski C，Sandberg E. Enabling Service Innovation：A Dynamic Capabilities Approach［J］. *Journal of Business Research*，2013，66（8）：1063-1073.

［149］Kleysen R F，Street C T. Toward a Multi-dimensional Measure of Individual Innovative Behavior［J］. *Journal of Intellectual Capital*，2001，2（3）：284-296.

［150］Kumaresan A. *Cocreation Value Platform Based on User's Behaviour to Increase the User Engagement*［M］. Emerald（Emerald Publishing Limited），2014.

［151］Kunc M，Morecroft J D W. Managerial Decision Making and Firm

Performance under a Resource-based Paradigm [J] . *Strategic Management Journal*, 2010, 31 (11): 1164-1182.

[152] Larsson R, Bowen D E. Organization and Customer: Managing Design and Coordination of Services [J] . *Academy of Management Review*, 1989, 14 (2): 213-233.

[153] Laursen K, Salter A J. The Paradox of Openness: Appropriability, External Search and Collaboration [J] . *Research Policy*, 2014, 43 (5): 867-878.

[154] Laursen K, Salter A. Open for Innovation: The Role of Openness in Explaining Innovation Performance Among U.K. Manufacturing Firms [J] . *Strategic Management Journal*, 2006, 27 (2): 131-150.

[155] Lavie D. Capability Reconfiguration: An Analysis of Incumbent Responses to Technological Change [J] . *Academy of Management Review*, 2006, 31 (1): 153-174.

[156] Lee V, Oguntebi J. Toward Learning and Knowledge Creation: Operationalising the Social Learning Cycle [J] . *The Journal of General Management*, 2012, 37 (4): 29-53.

[157] Leiponen A. The Benefits of R&D and Breadth in Innovation Strategies: A Comparison of Finnish Service and Manufacturing Firms [J] . *Industrial & Corporate Change*, 2012, 21 (5): 1255-1281.

[158] Leonard-barton D. Wellsprings of Knowledge: Building and Sustaining the Sources of Innovation [J] . *Social Ence Electronic Publishing*, 2009, 22 (5): 401-402.

[159] Lettl C. User Involvement Competence for Radical Innovation [J] . *Journal of Engineering & Technology Management*, 2007, 24 (1): 53-75.

[160] Levinthal D A, March J G. The Myopia of Learning [J] . *Strategic Management Journal*, 1993, 14 (8): 95-112.

[161] Liao J J, Kickul J, Ma H. Organizational Dynamic Capability and Innovation: An Empirical Examination of Internet Firms [J] . *Journal of Small Business Management*, 2009, 47 (3): 263-286.

[162] Lichtenthaler U, Ernst H. Developing Reputation to Overcome the Imperfections in the Markets for Knowledge [J] . *Research Policy*, 2007, 36 (1):

37–55.

［163］Li L, Borman M, Gao J. Delivering Complex Engineering Projects: Reexamining Organizational Control Theory［J］. *International Journal of Project Management*, 2014, 32（5）: 791–802.

［164］Liu C L, Ghauri P N, Sinkovics R R. Understanding the Impact of Relational Capital and Organizational Learning on Alliance Outcomes［J］. *Journal of World Business*, 2010, 45（3）: 237–249.

［165］Liu S. Organizational Culture and New Service Development Performance: Insights from Knowledge Intensive Business Service［J］. *International Journal of Innovation Management*, 2009, 13（3）: 371–392.

［166］Li Z, Duffield C, Wilson D. Research on the Driving Factors of Customer Participation in Service Innovation in a Virtual Brand Community［J］. *International Journal of Innovation Science*, 2015, 7（4）: 299–309.

［167］Lusch R F, Nambisan S. Service Innovation: A Service–Dominant Logic Perspective［J］. *Mis Quarterly*, 2015, 39（1）: 155–175.

［168］Lusch R F, Vargo S L, O'brien M. Competing through Service: Insights from Service–dominant Logic［J］. *Journal of Retailing*, 2007, 83（1）: 5–18.

［169］Magnusson P R, Matthing J, Kristensson P. Managing User Involvement in Service Innovation: Experiments with Innovating End Users［J］. *Journal of Service Research*, 2003, 6（2）: 111–124.

［170］Malsbender A, Plattfaut R, Niehaves B, et al. Which Boundary Objects are Applicable to Service Innovation? A Dynamic Capability Perspective［C］. Proceedings of the Hawaii International Conference on System Sciences, F, 2014.

［171］Mcfadyen M A, Cannella A A. Social Capital and Knowledge Creation: Diminishing Returns of the Number and Strength of Exchange Relationships［J］. *Academy of Management Journal*, 2004, 47（5）: 735–746.

［172］Melton H L, Hartline M D. Employee Collaboration, Learning Orientation, and New Service Development Performance［J］. *Journal of Service Research*, 2013, 16（1）: 67–81.

［173］Melton H L, Hartline M D. Strengthening the Satisfaction–Profit Chain［J］. *Journal of Services Marketing*, 2013, 27（4）: 322–332.

[174] Menor L J, Roth A V. New Service Development Competence and Performance: An Empirical Investigation in Retail Banking [J] . *Production & Operations Management*, 2008, 17 (3): 267–284.

[175] Michel S, Brown S W, Gallan A S. An Expanded and Strategic View of Discontinuous Innovations: Deploying a Service–dominant Logic [J] . *Journal of the Academy of Marketing Science*, 2008, 36 (1): 54–66.

[176] Mina A, Bascavusoglumoreau E, Hughes A. Open Service Innovation and the Firm's Search for External Knowledge [J] . *Research Policy*, 2014, 43 (5): 853–866.

[177] Nadkarni S, Herrmann P. CEO Personality, Strategic Flexibility, and Firm Performance: The Case of the Indian Business Process Outsourcing Industry [J] . *Academy of Management Journal*, 2010, 53 (5): 1050–1073.

[178] Namasivayam K. The Consumer as "Transient Employee": Consumer Satisfaction through the Lens of Job–performance Models [J] . *International Journal of Service Industry Management*, 2003, 14 (4): 420–435.

[179] Narula R. R&D Collaboration by SMEs: New Opportunities and Limitations in the Face of Globalisation [J] . *Technovation*, 2004, 24 (2): 153–161.

[180] Nelson R R, Winter S G. In Search of Useful Theory of Innovation [J] . *Research Policy*, 1993, 22 (2): 36–76.

[181] Nonaka I. A Dynamic Theory of Organizational Knowledge Creation [J] . *Organization Science*, 1994, 5 (1): 14–37.

[182] Nonaka I, Konno N. The Concept of "ba": Building a Foundation for Knowledge Creation [J] . *California Management Review*, 1998, 40 (3): 40–54.

[183] Nonaka I, Takeuchi H. The New New Product Development Game [J] . *Harvard Business Review*, 1986, 64 (1): 137–146.

[184] Nonoka I, Takeuchi H. The Knowledge–Creating Company [J] . *Nankai Business Review*, 1998, 482–484 (2): 175–187.

[185] Nooteboom B. Innovation and Inter–firm Linkages: New Implications for Policy [J] . *Research Policy*, 1999, 28 (8): 793–805.

[186] Oke A. Innovation Types and Innovation Management Practices in Service

Companies［J］. *International Journal of Operations & Production Management*, 2015, 27（6）: 564–587.

［187］Ordanini A, Parasuraman A. Service Innovation Viewed through a Service-Dominant Logic Lens: A Conceptual Framework and Empirical Analysis［J］. *Journal of Service Research*, 2011, 14（1）: 3–23.

［188］Oreilly C A, Tushman M L. Ambidexterity as a Dynamic Capability: Resolving the Innovator's Dilemma［J］. *Research in Organizational Behavior*, 2008（28）: 185–206.

［189］Pascual-fern Ndez P, L PEZ-S Nchez J Á, Reynoso J, et al. Innovativeness and Market Orientation as Forerunners of the New Service Added Value and Performance in the Hotel Industry［J］. *Rediscovering the Essentiality of Marketing Springer*, 2016: 925–926.

［190］Pearson R. Towards an Historical Model of Services Innovation: The Case of the Insurance Industry, 1700–1914［J］. *Economic History Review*, 1997, 50（2）: 235–256.

［191］Peeters C, Massini S, Lewin A Y. Sources of Variation in the Efficiency of Adopting Management Innovation: The Role of Absorptive Capacity Routines, Managerial Attention and Organizational Legitimacy［J］. *Organization Studies*, 2014, 35（9）: 1343–1371.

［192］Peteraf M A, Stefano G D, Verona G. The Elephant in the Room of Dynamic Capabilities: Bringing Two Diverging Conversations Together［J］. *Strategic Management Journal*, 2013, 34（12）: 1389–1410.

［193］Phelan, Simon. Case Study Research: Design and Methods［J］. *Evaluation & Research in Education*, 2011, 24（3）: 221–222.

［194］Polanyi M. Knowing and Being［J］. *Mind*, 1961, 70（280）.

［195］Ren F, Zhang J. Job Stressors, Organizational Innovation Climate, and Employees' Innovative Behavior［J］. *Creativity Research Journal*, 2015, 27（1）: 16–23.

［196］Ritter T, Gemunden H G. Network Competence: Its Impact on Innovation Success and Its Antecedents［J］. *Journal of Business Research*, 2003, 56（9）: 745–755.

［197］Rusanen H，Halinen A，Jaakkola E. Accessing Resources for Service Innovation － The Critical Role of Network Relationships［J］. *Journal of Service Management*，2014，45（1）：223–225.

［198］Russo–spena，Tiziana，Mele，et al. "Five Co–s" in Innovating：A Practice–based View［J］. *Journal of Service Management*，2012，23（4）：527–553.

［199］Salunke S，Weerawardena J，Mccoll–kennedy J R. Towards a Model of Dynamic Capabilities in Innovation–based Competitive Strategy：Insights from Project–oriented Service Firms［J］. *Industrial Marketing Management*，2011，40（8）：1251–1263.

［200］Sand N B，Matthing J，Bo E. *New Service Development：Learning from and with Customers*［J］. *International Journal of Service Industry Management*，2004，15（5）：479–498.

［201］Santamaria L，Nieto M J，Miles I. Service Innovation in Manufacturing Firms：Evidence from Spain［J］. *Technovation*，2012，32（2）：144–155.

［202］Sawhney M，Verona G，Prandelli E. Collaborating to Create：The Internet as a Platform for Customer Engagement in Product Innovation［J］. *Journal of Interactive Marketing*，2010，19（4）：4–17.

［203］Shimizu K，Hitt M A. Strategic Flexibility：Organizational Preparedness to Reverse Ineffective Strategic Decisions［J］. *Academy of Management Perspectives*，2004，18（4）：44–59.

［204］Singh M，Sarkar A. The Relationship between Psychological Empowerment and Innovative Behavior［J］. *Journal of Personnel Psychology*，2012.

［205］Sisodiya S R，Johnson J L，Gregoire Y. Inbound Open Innovation for Enhanced Performance：Enablers and Opportunities［J］. *Industrial Marketing Management*，2013，42（5）：836–49.

［206］Skalen P，Gummerus J，Von Koskull C，et al. Exploring Value Propositions and Service Innovation：A Service–dominant Logic Study［J］. *Journal of the Academy of Marketing Science*，2015，43（2）：137–158.

［207］SK L N P，Gummerus J，Koskull C V，et al. Exploring Value Propositions and Service Innovation：A Service–dominant Logic Study［J］. *Journal of the Academy of Marketing Science*, 2015, 43（2）: 137–158.

［208］SK L N P, Gummerus J, Von Koskull C, et al. Exploring Value Propositions and Service Innovation: A Service–dominant Logic Study［J］. *Journal of the Academy of Marketing Science*, 2014, 43（2）: 137–158.

［209］Stam W. When Does Community Participation Enhance the Performance of Open Source Software Companies［J］. *Research Policy*, 2009, 38（8）: 1288–1299.

［210］Storey C, Cankurtaran P, Papastathopoulou P, et al. Success Factors for Service Innovation: A Meta - Analysis［J］. *Journal of Product Innovation Management*, 2016, 33（5）: 527–548.

［211］Storey C, Kelly D. Measuring the Performance of New Service Development Activities［J］. *Service Industries Journal*, 2001, 21（2）: 71–90.

［212］Story V M, Raddats C, Burton J, et al. Capabilities for Advanced Services: A Multi–actor Perspective［J］. *Industrial Marketing Management*, 2017, 60（1）: 54–68.

［213］Story V, Raddats C, Burton J, et al. Capabilities for Advanced Services: A Multi–actor Perspective［J］. *Industrial Marketing Management*, 2017（60）: 54–68.

［214］Suarezvilla L. The Rise of Technocapitalism［J］. *Science and Technology Studies*, 2001, 28（2）.

［215］Sundbo J, Johnston R, Mattsson J, et al. *Innovation in Service Internationalization: The Crucial Role of the Frantrepreneur*［M］. Springer–Verlag, 1968.

［216］Sundbo Jon. Measurement of Service Innovation Project Success: A Practical Tool and Theoretical Implications［J］. *Social & Cultural Geography*, 2006, 7（1/February 2006）: 103–126.

［217］Szalavetz A. "Tertiarization" of Manufacturing Industry in the New Economy［J］. *Iwe Working Papers*, 2003, 21（4）: 131–136.

［218］Teece D J. Capturing Value from Knowledge Assets: The New Economy, Markets for Know–How, and Intangible Assets［J］. *California Management Review*, 1998, 40（3）: 55–79.

［219］Teece D J. Dynamic Capabilities: Routines Versus Entrepreneurial Action ［J］. *Journal of Management Studies*, 2012, 49（8）: 1395-1401.

［220］Teece D J. Explicating Dynamic Capabilities: The Nature and Microfoundations of（sustainable）Enterprise Performance［J］. *Strategic Management Journal*, 2007, 28（13）: 1319-1350.

［221］Teece D J. Introduction: On the Nature and Scope of Dynamic Capabilities ［J］. *Industrial & Corporate Change*, 2010, 19（4）: 1175-1186.

［222］Teece D J, Pisano G P, Shuen A. Dynamic Capabilities and Strategic Management［J］. *Strategic Management Journal*, 1997, 18（7）: 509-533.

［223］Teece D J, Pisano G, Shuen A. Dynamic Capabilities and Strategic Management［J］. *Knowledge & Strategy*, 1999, 18（7）: 77-115.

［224］Terblanche N. The Performing Arts and Marketing: Concepts and Challenges［J］. *South African Theatre Journal*, 2003, 17（1）: 153-176.

［225］Tether B S. Do Services Innovate（Differently）? Insights from the European Innobarometer Survey［J］. *Industry & Innovation*, 2005, 12（2）: 153-184.

［226］Tether B S, Metcalfe J S. Horndal at Heathrow? Capacity Creation through Co-operation and System Evolution［J］. *Industrial & Corporate Change*, 2003, 12（3）: 437-476.

［227］Thakur R., Hale D. Service Innovation: A Comparative Study of U.S. and Indian Service Firms［J］. *Journal of Business Research*, 2013, 66（8）: 1108-1123.

［228］Thorsell J. Innovation in Learning: How the Danish Leadership Institute Developed 2,200 Managers from Fujitsu Services from 13 Different Countries［J］. *Management Decision*, 2007, 45（10）: 1667-1676.

［229］Toffel M W. Contracting for Servicizing［J］. *Ssrn Electronic Journal*, 2008, 26（9）: 62-78.

［230］Toivonen M, Tuominen T. Emergence of Innovations in Services［J］. *The Service Industries Journal*, 2009, 29（7）: 887-902.

［231］Turnipseed P H, Turnipseed D L. Testing the Proposed Linkage between Organizational Citizenship Behaviours and an Innovative Organizational Climate［J］.

Creativity and Innovation Management, 2013, 22（2）: 209–216.

［232］Turunen T, Finne M. The Organisational Environment's Impact on the Servitization of Manufacturers［J］. *European Management Journal*, 2014, 32（4）: 603–615.

［233］Vandermerwe S, Rada J. Servitization of Business: Adding Value by Adding Services［J］. *European Management Journal*, 1988, 6（4）: 314–324.

［234］Verstrepen S, Deschoolmeester P D I D, Berg R J V D. *Servitization in the Automotive Sector: Creating Value and Competitive Advantage through Service after Sales*［M］. Springer US, 1999.

［235］Vogel R, Guttel W H. The Dynamic Capability View in Strategic Management: A Bibliometric Review［J］. *International Journal of Management Reviews*, 2012, 15（4）: 426–446.

［236］Von Krogh G, Nonaka I, Rechsteiner L. Leadership in Organizational Knowledge Creation: A Review and Framework［J］. *Journal of Management Studies*, 2012, 49（1）: 240–277.

［237］Vries E D. Innovation in Services in Networks of Organizations and in the Distribution of Services［J］. *Research Policy*, 2006, 35（7）: 1037–1051.

［238］Waddock S. How Companies Build Social Capital［J］. *Reflections the Sol Journal*, 2001, 3（1）: 18–24.

［239］Wang C L, Ahmed P K. Dynamic Capabilities: A Review and Research Agenda［J］. *International Journal of Management Reviews*, 2010, 9（1）: 31–51.

［240］Wang C L, Senaratne C, Rafiq M. Success Traps, Dynamic Capabilities and Firm Performance［J］. *British Journal of Management*, 2015, 26（1）: 26–44.

［241］Wang L. Customer Interaction and Service Innovation Performance: The Mediating Role of Customer Knowledge Development［C］. 2009 International Conference on Information Management, Innovation Management and Industrial Engineering, Vol 3, Proccedings, 2009, 318–321.

［242］Wang P, Rode J C. Transformational Leadership and Follower Creativity: The Moderating Effects of Identification with Leader and Organizational Climate［J］. *Human Relations*, 2010, 63（8）: 1105–1128.

［243］Wasti S N, Liker J K. Collaborating with Suppliers in Product Development: A US and Japan Comparative Study［J］. *IEEE Transactions on Engineering Management*, 1999, 46（4）: 444–460.

［244］Wei Z, Yi Y, Guo H. Organizational Learning Ambidexterity, Strategic Flexibility, and New Product Development［J］. *Journal of Product Innovation Management*, 2014, 31（4）: 832–847.

［245］White A L, Stoughton M, Feng L. Servicising: The Quiet Transition to Extended Producer Responsibility［J］. *Academy of Management Journal*, 2006, 57（2）: 25–32.

［246］Wilden R, Gudergan S P, Nielsen B B, et al. Dynamic Capabilities and Performance: Strategy, Structure and Environment［J］. *Long Range Planning*, 2013, 46（1）: 72–96.

［247］Wilhelm H, Schlomer M, Maurer I. How Dynamic Capabilities Affect the Effectiveness and Efficiency of Operating Routines under High and Low Levels of Environmental Dynamism［J］. *British Journal of Management*, 2015, 26（2）: 327–345.

［248］Wise R, Baumgartner P. Go downstream: The New Profit Imperative in Manufacturing［J］. *Harvard Business Review*, 1999, 77（5）: 133–141.

［249］Wise R. Go Downstream : The New Profit Imperative in Manufacturing［J］. *Harvard Business Review*, 1999, 77（1）: 133–141.

［250］Wuyts S, Geyskens I. The Formation of Buyer–Supplier Relationships: Detailed Contract Drafting and Close Partner Selection［J］. *Journal of Marketing*, 2005, 69（4）: 103–117.

［251］Wynstra F, Pierick E T. Managing Supplier Involvement in New Product Development［J］. *Erim Report*, 2010, 25（2）: 180–201.

［252］Yang H L, Wu T C T. Knowledge Sharing in an Organization［J］. *Technological Forecasting and Social Change*, 2008, 75（8）: 1128–1156.

［253］Yen H R, Gwinner K P, Su W. The Impact of Customer Participation and Service Expectation on Locus Attributions Following Service Failure［J］. *International Journal of Service Industry Management*, 2004, 15（1）: 7–26.

［254］Ylirenko H, Autio E, Sapienza H J. Social Capital, Knowledge

Acquisition, and Knowledge Exploitation in Young Technology-based Firms [J] . *Strategic Management Journal*, 2001（22）: 587-613.

[255] Yli-renko H, Sapienza H J, Hay M. The Role of Contractual Governance Flexibility in Realizing the Outcomes of Key Customer Relationships [J] . *Journal of Business Venturing*, 2001, 16（6）: 529-555.

[256] Zaheer A, Mcevily B, Perrone V. Does Trust Matter? Exploring the Effects of Interorganizational and Interpersonal Trust on Performance [J] . *Organization Science*, 1998, 9（2）: 141-159.

[257] Zahra S A, George G. Absorptive Capacity: A Review, Reconceptualization, and Extension [J] . *Academy of Management Review*, 2002, 27（2）: 185-203.

[258] Zahra S A, Ireland R D, Hitt M A. International Expansion by New Venture Firms: International Diversity, Mode of Market Entry, Technological Learning, and Performance [J] . *Academy of Management Journal*, 2000, 43（5）: 925-950.

[259] Zahra S A, Sapienza H J, Davidsson P. Entrepreneurship and Dynamic Capabilities: A Review, Model and Research Agenda [J] . *Journal of Management Studies*, 2006, 43（4）: 917-955.

[260] Zhang Y, Li H. Innovation Search of New Ventures in a Technology Cluster: The Role of Ties with Service Intermediaries [J] . *Strategic Management Journal*, 2010, 31（1）: 88-109.

[261] Zhou K Z, Wu F. Technological Capability, Strategic Flexibility, and Product Innovation [J] . *Strategic Management Journal*, 2010, 31（5）: 547-561.

[262] Zollo M, Winter S G. Deliberate Learning and the Evolution of Dynamic Capabilities [J] . *Organization Science*, 2002, 13（3）: 339-351.